JN494283

복어 파마

글사랑채 수필집

차례

길

스마트폰

행복

친구

욕심

여행

사랑

죽음

무제

들어가며

우리 아홉 명은 단 하루의 삶도 공유한 적이 없는 즉자에 불과했다. 그런데 내 생각을 온전히 기록할 수 있는 글을 쓰고 싶었다. 그 소망이 우리를 한자리로 불러 모았다. 우리는 그렇게 1년 동안 매주 화요일 10시에 화상으로 만났고, 글사랑채라는 꽃을 피워 냈다.

코로나19가 만든 두려움과 막막함의 바다 한가운데서도 배움의 항해를 선택했고, 콜럼버스처럼 나아갔다. 그러면서 이 시대를 치열하게 사는 일상을 되돌아보고 내 삶을 기록했다. 온라인에서 이뤄지는 만남이었지만 공감하고 깔깔거리고, 때론 눈물을 흘렸다. 이야기를 나누는 동안 서로의 거울이 되었으며, 이해하게 되었으며, 글사랑채라는 동아리로 태어났다.

무작정 글을 쓰고 싶은 마음에 시작했다. 일상의 무게를 이겨내고 모호한 감정과 생각을 정리할 시간이 필요했다. 어떤 날은 실타래처럼 엉킨 생각의 실마리를 찾지 못해 열병을 앓았다. 그러다 마감 날이 되어서야 쏟아 놓은 글을 전송하기도 했다. 그렇게 던져진 두서없는 글이 선생님의 손에 다듬어져 질서를 찾는 과정을 지켜보는 시간은 짜릿하기까지 했다.

글을 쓰면서 생각의 줄을 세우고 나니 한구석에서 우는 내 아이의 모습도 보이고, 엄마의 자리와 아내의 자리도 새삼 확인할 수 있었다. 아이들을 가르치는 선생님의 자리도 돌아보게 되었다. 무엇보다 나를 찾았으며, 나로서 온전히 살아갈 힘을 얻었다. 그다음은 사람들 속에 섞여 시간이 흐르는 대로 익어 가면 되는 것이었다.

쓸수록 부족함이 드러나는 것 같았다. 우리의 작은 이야기들을 세상에 내놓기 두려운 마음이 컸다. 하지만 용기를 내어 끝내고 나니, 오래 살던 집을 떠나 이사를 마친 기분이 들었다. 코로나19 백신을 맞을 때처럼 쓰는 것이 시작이다. 질서를 찾지 못한 이야기들은 부피를 줄여 내 가슴속 작은 서랍에 넣어 두면 된다. 그러다 삶의 에너지가 다해 가거나 충만하다고 느꼈을 때 다시 꺼내 쓰면 되는 것이다.

1년 동안 두렵고 막막한 항해를 함께한 우리 글사랑채 동무들-강경희, 강선옥, 김재윤, 문미리나, 박선영, 유은정, 최경희, 하현주, 홍희경 선생님을 다시 한번 호명한다.

글사랑채 일동

길

1. 자전거
2. 네 개의 키바
3. 종점
4. 코로나19를 끝내는 길
5. 길들인다는 의미

1. 자전거

자전거를 타고 한강으로 향하면서 하루를 연다. 불광천을 벗어나 이촌동을 거쳐 반포대교를 지난다. 가는 길에 티 없이 맑은 해가 뜨는 장면을 보기도 하고, 미세 먼지가 잔뜩 묻은 해를 보기도 한다. 가로수 길을 지날 때면 자연의 온전한 위로를 받는 느낌마저 든다. 도시를 분리하는 숲속을 달린다. 가 본 적이 없는 미국의 뉴욕공원에 온 착각이 들 정도다. 상상과 현실이 공존하는 공간이다. 이러한 공간에서 하루를 열 수 있다는 사실이 믿기지 않는다.

한강은 날마다 변한다. 물빛도 하늘빛도 항상 다르다. 시시각각 변하는 모습을 놓치기 아깝다. 자전거를 세우고 스마트폰의 셔터를 연신 누른다. 안개에 싸인 63빌딩의 풍경이 내 여행 앱에 가득 담긴다. 엊그제 커다란 얼음덩어리가 떠다니던 바로 그 자리서 이제는 봄기운이 올라온다. 또 셔터를 누른다. 내 카메라는 생명력으로 넘친다. '서울함'이 닻을 내린 곳에서도 잠깐 멈춘다. 30년간 파도 거친 해양 수호의 임무를 마치고 영원한 휴식에 들어간 곳이다. 이곳을 지나면 마음이 조금씩 바빠진다. 집으로 돌아가 할 일을 떠올리며 속도를 낸다.

코로나19로 세상이 멈췄을 때 자전거를 배웠다. 한강 길을 따라 걷는 일상이 시들해졌을 때였다. 온몸을 자유롭게 움직여서 강바람을 가르며 달리고 싶은 욕구가 강했다. 팽팽한 바퀴의 진동도 유혹적이었다. 자전거를 배우기에는 늦은 나이였다. 게다가 운동 신경은 무디고 겁도 많다. 그럼에도 이때가 아니면 기회가 없을 것 같아 도전했다. 월드컵공원으로 달려가 따릉이를 빌렸다. 처음에는 안장을 최대한 낮추고 엉금엉금 기듯 자전거를 탔다. 그렇게 하루도 빠짐없이 한 달을 연습했다. 그러고도 한참이나 집 근처의 자전거 도로에서 적응하는 시간을 가졌다.

마침내 한강으로 진출했다. 그래도 가파른 내리막길에서는 겁이 나서 애를 먹었다. 주변 경치를 보며 여유롭게 타기까지 몇 개월이 더 걸렸다. 이제 상상만으로 자전거를 타던 모습이 현실이 되었다. 주저앉지 않기를 잘했다. 자전거를 타고 한강 길을 달린 날에는 생각이 단순해진다. 하루 시작이 늘 이랬으면 좋겠다.

2. 네 개의 키바

『태양으로 날아간 화살』(제럴드 멕더멋 지음)은 뉴멕시코의 푸에블로 인디언 설화를 바탕으로 지은 그림 동화다. 태양신인 아버지와 땅의 어머니 사이에서 태어난 소년이 혹독한 시련을 극복하고 영웅으로 성장해, 태양신의 전령인 마을 추장이 된다는 이야기다.

소년은 아버지가 없다고 따돌림을 당하는 바람에 아버지를 찾기 위해 집을 떠난다. 도중에 만난 옥수수밭 주인과 옹기장수는 아버지에게 데려가 달라는 소년의 말에 대꾸하지 않는다. 그러다 겨우 지혜로운 궁시장(弓矢匠)을 만나 도움을 받는다. 궁시장은 아이를 활에 메기고 태양을 향해 시위를 당긴다. 태양으로 날아간 소년은 아버지를 만난다. 하지만 아버지는 소년에게 아들임을 스스로 입증하라면서 사자와 뱀, 벌, 번개 등 네 개의 키바를 통과해야 한다고 미션을 준다. 소년은 키바를 통과하는 과정에서 아버지의 능력을 모두 물려받아 태양의 힘이 충만한 영웅으로 변신한다. 아버지는 아들에게 땅으로 돌아가 사람들에게 자신의 영혼을 나눠 주라고 말한다. 마을 사람들은 춤을 추면서 소년을 반기고 마침내 소년은 추장이 된다.

청소년기에는 누구나 인디언 소년처럼 자신의 정체성을 몰라 방황하게 마련이다. 그리고 때로 재산이나 피부색, 종교, 장애 등 자신을 둘러싼 환경 때문에 따돌림을 당할 수도 있다. 이때 길을 잃고 방황하면 낙오해서 평생 주변인으로 살아야 한다. 따라서 인디언 소년처럼 삶의 목표를 정하기 전에 자신을 철저히 탐색하는 과정이 중요하다. 자신이 무엇을 좋아하고 어떤 일을 이루고 싶은

지 알아야 정확한 목표를 세울 수 있다.

소년이 길을 찾을 때 궁시장처럼 지혜롭고 이타적인 스승을 만나는 일도 필요하다. 옥수수밭 주인도, 용기장수도 아버지에게 데려다줄 수 있느냐는 아이의 부탁을 들어주지 못한다. 현실을 살기에 급급해 지혜롭지도 못하고, 이타심을 발휘해 타인을 보살피기도 어렵기 때문이다. 그래서 삶에서 성공하려면 책이든 사람이든 반드시 안내자를 잘 만나야 한다.

이제 목표를 세웠다면 그 목표를 이루기 위해 인디언 소년이 거친 네 개의 키바를 통과할 차례다. 중년 이후가 되면 다른 사람의 가르침을 받을 것이 아니라 자기만의 질서를 만들어 가는 창의적이고 책임감 있는 사람이 되어야 한다. 그 시점에서 자신은 어떤 존재인지 내면을 들여다보면서, 목표의 완성을 향해 나아가야 한다.

삶의 길을 찾기란 어렵다. 어른이 되어도 더 크고 다양한 키바가 기다리고 있다. 그리고 그때마다 갈 길을 선택하는 고통도 따른다. 선택이 늘 성공할 수는 없다. 하지만 용기와 지혜를 잃지 말고 자신을 사랑하며 선택한 길을 가야 한다. 어떤 길을 가든 이타심을 발휘해 공동체를 배려하면서 늘 깨어 있는 상태로 세상과 마주해야 한다. 그러면 목표가 정해져 있어서 어떤 상황에 놓이든 고민하지 않아도 된다. 내면에는 이미 목표한 모습이 만들어져 가고 있을 테니까 말이다.

3. 종점

단아는 오늘 방과후에 버스를 타고 엄마인 내가 운영하는 학원에 오는 날이다. 열두 살이긴 하지만 정신을 바짝 차리지 않으면 학원을 지나치고 만다. 잠깐 한눈을 팔다가 한 정거장을 지나쳐 힘들게 걸어온 적도 있다. 오늘따라 단아가 늦는다. 통화하면서 분명히 버스를 탄 걸 확인했다. 하지만 불안했다. 단아는 기사 아저씨가 정거장을 알리는 방송을 하지 않아 잠깐 한눈을 팔았는데, 여기가 어딘지 모르겠다고 문자로 전했다. 나는 다급해서 다시 전화했지만 버스 안이어서 받지 못한다는 메시지만 날아왔다. 메시지를 받은 지 30분이 지나고 50분이 넘었다. 도착할 시간이 지나도 한참 지났다. 걱정이 되어 또 전화를 걸었다. 여전히 '버스 안'이라는 문자 메시지만 왔다. 그러고도 더 시간이 지나서 초조한 나머지 시계만 보는데 전화가 왔다.

"엄마! 나 학원에서 못 내리고 계속 왔는데, 종점이래."

목소리에 웃음기가 묻어 있다. 순간 온갖 나쁜 상상만 일어나던 머리에서 불덩이가 솟구치는 느낌이 들었다. 심장이 두근거렸다. 무슨 말을 해야 할지 떠오르지 않아서 잠시 호흡을 깊게 했다. 그리고 화를 누른 채 침착하게 말했다.

"허허, 그래. 단아야, 거기가 어디쯤인지 알겠니? 어디 큰 건물이 보이면 말해 봐."

"흐흐, 엄마 여기 아무것도 없어. 좀 오래된 아파트가 있긴 한데…."

단아가 웃었다. 나도 웃었다. 종점이라니 위치 추적 앱을 이용해 아이가 있는 곳을 알아냈다. 아주 외진 곳이었고, 자동차로

30분은 달려야 했다.

나는 급히 출발하면서 생각이 많아졌다. 왜 내리지 못했을까, 정신을 바짝 차리면 되었을 텐데. 그리고 왜 전화를 받지 않고 계속 갔을까. 왜 나는 화가 날까…. 의문이 꼬리를 물어서 운전에 집중하지 못했다. 그러다 내비게이션이 갑자기 새로운 경로로 안내하겠다며 '친절한' 목소리로 멘트를 날렸다. 도착 시간은 한 시간 미뤄졌다. 나는 어느 고속도로의 톨게이트로 들어가고 있었다. 써늘한 바람이 등줄기를 스쳤다. 순간 '단아가 얼마나 무서웠을까, 엄마에게 뭐라고 변명해야 할지 몰라 얼마나 불안했을까' 하는 생각이 들며 얼어붙은 아이의 마음을 고스란히 느꼈다.

다른 아이들은 엄마가 안전하게 자가용으로 에스코트하는 길이다. 단아가 그 길을 혼자 버스로 이동하는 것이 불안하기도 했었다. 그래도 씩씩하게 다니는 모습이 대견했는데, 이런 일을 당하고 보니 당황스러운 데다 나 스스로에게 화가 났던 거였다.

길은 언제나 잘못들 수 있고, 늦더라도 돌이킬 수 있다. 삶의 길도 마찬가지다. 나의 길도 그랬다. 갈 길이 분명하다면 다시 돌아가 그 길 위에서 다시 시작하면 그만이다. 대로가 아닌 샛길로 간다고 한들 목적지에 도착하는 보람만 누린다면 뭐가 더 대수이겠는가. 톨게이트를 간신히 돌아 나와 버스 종점에 도착했다. 외딴길 공터에 가방을 헐렁하게 메고 휴대 전화를 들여다보는 단아가 눈에 들어왔다. 서로 얼굴을 바라보면서 허허 웃고 말았다. 두려웠을 아이에게 시원한 음료수로 목을 축이게 했다. 삶은 달걀을 까서 건네주며 혼자 한 여행이 어땠냐고 물으니 해맑게 웃었다. 멀고 먼 인생의 여정에서 길을 잃지 않고 우리처럼 종점에서 극적으로 만나는 행복을 누리는 사람이 많았으면 좋겠다.

4. 코로나19를 끝내는 길

2021년 7월 17일 현재 코로나19 신규 확진자가 1400명대 중반을 기록했다. 11일 연속 네 자릿수다. 4차 대유행이 시작된 것이다. 다른 나라도 우리와 크게 다르지 않다. 국제 통계 사이트 월드오미터에 따르면, 코로나19 신규 감염자가 미주와 남아시아에서 급증하고 있다. 팬데믹을 끝내려면 세계적으로 코로나19 백신 접종률을 빨리 끌어올려야 하는 상황이다. 하지만 백신 생산량이 절대적으로 부족하다. 화이자나 모더나 등 백신 업체에 따르면 지금의 생산 속도로는 연말까지 세계 인구의 3분이 1만 접종할 수 있다. 게다가 선진국 쏠림이 심하다. 세계보건기구(WHO)에 따르면 7월 현재 생산된 백신의 80%가 선진 10개국에 집중되어 있다. 아프리카의 백신 접종률은 인구 1000명당 8회분으로, 세계 평균 150회분에 훨씬 미치지 못한다. 한 차례도 백신을 맞지 못한 인구가 25억 명이 넘는다.

수급 격차를 해소하려면 생산량을 늘리는 방법밖에 없다. 이에 따라 남아프리카 공화국과 인도 등 개발도상국은 WHO에 백신 지식 재산권을 일시 면제하자고 제안했다. 하지만 미국과 유럽연합(EU)은 이를 거절했다. 지식 재산권은 인간의 지적 활동으로 창작된 상품에 부여하는 재산권을 말한다. 문학이나 예술 작품 외에도 과학적 발견과 발명품, 신약, 상표 등에 적용된다. 지식 재산권이 적용되면 무단으로 복제하거나 유통하지 못한다. 백신도 지식 재산권에 해당한다. 따라서 WTO의 '무역 관련 지식 재산권 협정'에 따라 20년간 보호된다.

그러나 코로나19는 아직도 팬데믹 상황이다. 사망자가 하루

수십만 명이고, 사회·경제적 활동이 멈춰 인류 공동체가 무너지고 있다. WTO의 '무역 관련 지식 재산권 협정'에서 말하는 '지식 재산권을 따를 의무를 포기할 수 있는 예외적 상황'에 해당하는 것이다. 따라서 일시적으로라도 지식 재산권을 면제해 백신 생산의 속도를 높여야 한다. 기후 위기처럼 어느 한 나라 국민만 백신 접종을 마친다고 해결될 일이 아니기 때문이다. 기업이나 개인의 권익 보장도 중요하지만, 인류의 생명이 위협을 받고 정상적인 생활을 하지 못하는 특수한 현실을 고려해야 한다. 선진국이나 백신 업체들이 지식 재산권을 고집한다면 백신 수급이 원활하지 못해 코로나19의 위험에서 벗어나지 못하는 악순환이 계속될 것이다. 그러니 코로나19의 종식 시기를 앞당기려면 백신의 지식 재산권을 면제해 공급량을 늘리는 길만이 최선이다.

5. 길들인다는 의미

“엄마, 길들인다는 의미가 뭐예요?”

“여러 가지거든. 무슨 책 읽는데?”

“『어린 왕자』요. 어린 왕자랑 여우의 이야기 대목이에요.”

두 해 전 봄 거실에서 책을 읽던 초2 아이가 갑자기 물었다. 아이에게 이해하기 쉽게 설명하려고 인터넷을 검색했다. 여러 가지 뜻 가운데 ‘어떤 일에 익숙하게 되었을 때’가 가장 알맞은 풀이 같았다.

어린 왕자의 분위기에 맞춰 설명하고 나니 스물세 살 적에 남편과 연애할 때의 기억이 떠올랐다. 남편과 나는 동아리 친구의 소개로 만나 4년 동안 연애를 했다. 그때 나는 남편을 지독하게 좋아했다. 그러다 보니 나보다 남편을 먼저 배려했다. 그래서 데이트를 할 때면 남편의 집과 가까운 곳에서만 만났다. 남편도 그게 당연한 일처럼 받아들였다.

그런데 연애를 시작한 지 석 달도 지나지 않았는데, 남편은 특별한 이유 없이 친구로 지내자고 일방 통보했다. 나는 이유도 묻지 못한 채 그러자고 대답했다. 남편을 좋아하는 마음이 커서 친구로라도 인연을 이어가고 싶은 거였다. 그렇게 친구로 만나던 어느 날, 남편이 사고로 손을 다쳐 입원했다. 그때 묵묵히 곁을 지키자, 남편은 다시 연인이 되자고 했다. 우린 다시 연인이 되었다. 비 온 뒤에 땅이 굳는다는 속담처럼 그 뒤 우리는 갈등 없이 4년간의 연애를 끝내고 부부가 되었다.

나는 연애할 때 남편이 자기 입맛대로 나를 길들였다고 생각했다. 내가 더 좋아한다는 사실을 알고 갑의 관점이 되어 마음대로 조종한다 생각한 것이다. 남편의 생일에 나와 만나는 게 당연한 줄 알았는데, 나에게는 선물만 받고 자신은 친구들과 생일 파티를 한다고 했다.

그런데 요즘에는 남편이 오히려 을이 되어 예전의 나처럼 맞춰 주고 있다. 남편은 종종 아이들보다 내가 우선이라면서, 나와 결혼하기를 정말 잘했다는 말도 빼먹지 않는다. 결혼 생활을 하면서 내가 남편을 길들여서 그런 걸까. 돌아보면 누군가를 길들인다는 의미는 관계를 통해 서로에게 책임을 진다는 말 같다. 여우가 어린 왕자에게 길들여 달라고 했을 때, 어린 왕자는 거절하지 않고 여우를 길들였다. 그런데 겉으로 보기에는 어린 왕자가 여우를 길들인 것이지만, 어린 왕자도 여우에게 길들었다는 생각이 들었다. 서로에게 특별히 의미 있는 존재가 되었기 때문이다.

어린 왕자와 여우가 서로를 길들인 것처럼 우리 부부도 시간이 흐르면서 서로를 책임지는 관계를 맺었다. 어린 왕자가 장미꽃에 마음을 빼앗기고 정성껏 돌봤지만, 장미꽃은 오히려 어린 왕자에게 거들먹거렸다. 결국 상처받은 어린 왕자가 장미꽃을 떠난 것처럼 나도 남편을 벗어나고 싶은 순간이 있었다. 그런데 그런 순간을 잘 참아 넘기니 상처를 받는 일도 줄었다. 서로를 길들인다는 건 그만큼 쉬운 일이 아니다. 시간과 물질을 들이고, 최고의 관심과 사랑을 쏟아야 한다. 서로를 길들이고 나면 한마음이 되어 영원히 도망칠 수 없는 존재가 된다.

스마트폰

1. 아이 도우미
2. 망가진 신념
3. 포노 사피엔스
4. 신문화 적응기
5. '스마트폰 가방 쇼핑 중'
6. 아버지의 새 친구

1. 아이 도우미

스마트폰을 처음 샀을 때 우주가 손 안에 가득 들어온 느낌이 들었다. 궁금한 것을 실시간으로 찾을 수 있고, 원하는 것을 주문하면 바로 다음 날 현관 앞에 도착했기 때문이다. 세상을 다 알고 마음대로 움직일 수 있다는 착각이 들 정도였다. 하지만 어느 날부터 신앙과도 같던 스마트폰이 재앙처럼 느껴졌다. 아이가 초등학교 6학년이 될 무렵 스마트폰을 사 준 것이 화근이었다. 친구들과 뛰어놀기 좋아하고 책벌레였던 아이가, 방에만 틀어박혀 스마트폰을 하느라 책은 거들떠보지도 않았다. 게다가 말은 잘하는데, 문장을 제대로 만들지 못하고 단답형으로만 쓸 수 있는 평범 이하의 아이가 되었다. 이유는 스마트폰에 중독되어 자기 조절 능력을 상실했기 때문이었다. 여성가족부 조사에 따르면 2021년 현재 내 아이와 비슷한 학생이 129만 명 가운데 18%인 22만 8000여 명이나 된다.

스마트폰에 중독되면 공부나 일에 집중할 수 없다. 친구들끼리 수시로 문자 메시지를 확인하거나 소셜 미디어(SNS) 활동을 하느라 기억 공간이 부족해지고, 주의가 분산되기 때문이다. 아이들이 책상 앞에 오래 앉아 있는데도 학업 성적이 떨어지는 까닭이 여기에 있다. 아이들의 뇌 성장이 멈추는 문제도 있다. 한 대학병원 교수가 최근 '스마트폰 과다 사용이 뇌에 미치는 영향'을 발표했는데, 알코올이나 도박 중독과 비슷한 증상이 나타났다. 스마트폰 과다 사용자의 경우 언어 이해 능력과 표현 능력, 어휘 능력이 현저히 떨어졌다. SNS와 메신저 사용에 익숙해지면서 편리한 표현 방법을 찾다 보니 완전한 문장으로 표현하지 않고 단순화시켜 단답형으로만 소통한 결과다. 한마디로 독해력과 문해력이 형편없이 떨어진 것이다. 스마트폰에 중독되면 가상 세계를 지향하고, 친구가 없어도 혼자 지낼 수 있어 대인 관계에 어려움을 겪는다. 심하면 가상 세계와 현실을 혼동해 범죄를 저지를 수도 있다.

아이가 스마트폰에 과의존할 때는 전문적인 진단을 받아 아이 스스로 자신을 객관적으로 바라볼 수 있도록 도와야 한다. '스마트쉼센터'나 '아이윌센터'를 이용하면 과학적이고 객관적인 진단을 받을 수 있다. 아이 스스로 조절이 안 될 경우 스트레스를 주지 말고 충분히 상의한 뒤 '자녀관리앱'을 이용해 시간을 통제하는 도움도 줄 수 있다. 중요한 점은 스마트폰을 빼앗지 말고 아이와 끊임없이 대화하면서 선용하는 방법을 알려 줘야 한다는 것이다. 스마트폰은 이제 생활과 공부의 필수 수단이 되었다. 긍정적 기능을 더 많이 활용하면 중독에서 벗어나 삶의 질을 향상시킬 수 있는 문명의 이기인 것이다.

2. 망가진 신념

자식들에게는 고등학교를 졸업할 때까지 스마트폰 세상을 열어 주고 싶지 않았다. 어린이들의 두뇌는 스마트폰의 화려한 콘텐츠에만 민감해서 후두엽만 발달하고, 뇌 전체를 관장하는 전두엽의 발달은 둔화된다는 전문가들의 경고를 들었기 때문이다. 하지만 코로나19가 견고한 나의 신념 체계를 망가뜨렸다. 학교가 비대면 수업으로 전환하면서 스마트폰이 없으면 안 되는 상황이 닥친 것이다. 우선 내 스마트폰을 아이들과 공유하기로 했다. 하지만 올해 첫째 딸이 중학교에 입학하면서 문제가 생겼다. 학교 생활을 제대로 하려면 스마트폰이 없으면 안 되었기 때문이다. 예를 들어 오후 5시에 선착순으로 수업을 신청하도록 한 강좌, 시간 제한을 두고 카톡을 통해 선생님의 질문에 답변하기 등이다. 스마트폰 사용이 익숙하지도 않은 상태로 아이들과 공유하다 보니 항상 한 발씩 늦어 낭패를 보았다. 결국 아이들에게 스마트폰을 따로 사 줄 수밖에 없었다.

미국의 비영리 사회 연구 기관인 퓨리서치센터에서 지난 2019년에 발표한 '선진국의 스마트폰 보유 현황'에 따르면, 우리나라 성인의 스마트폰 보유 비율은 95%, 10대는 97%였다. 스마트폰을 사용하지 않는 사람을 찾기 어려울 만큼 보급률이 압도적인 세계 1위였다. 스마트폰의 보급으로 일상은 정말 편리해졌다. 스마트폰은 이름 그대로 영리해서 사람들이 원하는 대로 다 맞춰 준다. 좋은 비서 역할도 하고 멘토도 해 준다. 선생님의 질문에 대답이 막힐 경우 화면에 대고 손가락으로 톡톡 치면 즉시 원하는 정보가 나온다. 본인이 원하는 정보가 넘칠 만큼 제공된다. 정말 똑똑하다.

그리고 해가 갈수록 더 스마트해질 것이다.

문제는 기계를 이용하는 사람도 똑똑해져야 하는데, 결과는 그렇지 못하다는 것이다. 사람들은 얻은 정보를 기억할 필요도 없이 그저 기계를 조작하는 기술만 익히면 된다. 화면에 대고 손가락으로 두드리기만 하면 잊었던 정보가 샘솟듯 쏟아져 나오니까 말이다. 상황이 이러하다 보니 스마트폰의 주인은 기계와 달리 갈수록 멍텅구리가 된다. 스마트폰의 위세를 등에 업고 요즘에는 새로운 전자 제품에 어김없이 '스마트'가 붙는다. 스마트 TV, 스마트 냉장고, 스마트 오븐 등 온통 스마트 천지다. 스마트해지는 세상을 막을 수도 없고 막아서도 안 된다. 하지만 스마트의 편리함에 묻혀 사람이 만든 기계에 길들여지지 않도록 늘 깨어 있어야 한다. 스마트폰의 도움을 받더라도 오프라인에서 책을 읽어 지식을 쌓고, 공동체와 교감하면서 세상을 살 줄 알아야 한다.

3. 포노 사피엔스

현생 인류를 호모 사피엔스라고 한다. 라틴어로 '지혜가 있는 사람'이란 뜻이다. 그런데 이젠 현생 인류의 개념이 '포노 사피엔스'(Phono Sapiens)로 바뀌고 있다. 스마트폰이 뇌이고 손 역할을 해서 스마트폰을 신체 일부처럼 사용하는 '스마트폰이 있는 사람'이기 때문이다. 미국 애플의 창업주인 스티브 잡스가 2007년 아이폰을 세상에 내놓은 뒤, 스마트폰은 인류의 삶과 불가분의 관계를 맺었다. 그리고 스마트폰의 영향력은 생활 전반에서 갈수록 커지고 있다. 오프라인에서 해결할 수 있는 문제도 굳이 온라인으로 가져간다. 편리함 때문이다.

스마트폰의 알람으로 아침을 열고, 스마트폰 날씨 앱에서 그날 날씨를 확인해 외출 옷차림과 필수품을 챙긴다. 스케쥴러에서 일정을 확인한 뒤 지도 앱의 안내를 받아 목적지까지 자동차로 이동한다. 업무가 끝나면 배달 앱을 통해 저녁 식사를 준비하고, 인터넷 뱅킹으로 은행 업무를 본다. 잠들기 전에는 SNS로 소통하면서 소속감도 느끼고, 포털 앱에서 주요 뉴스를 확인하거나 음악을 들으며 휴식을 취하기도 한다. 잠자는 시간을 뺀 모든 일상을 스마트폰과 함께하는 것이다.

스마트폰의 활용도가 높아진 주된 요인은 시간 절감이다. 오프라인에서 하면 시간을 많이 들여야 할 작업이 클릭 몇 번이면 해결된다. 그렇다고 스마트폰의 폐해가 없는 것은 아니다. 인터넷 접근성이 쉬워서 청소년들은 과의존이 심하다. 특히 온라인 게임의 경우 중독을 유발할 정도다. 뇌 기능을 떨어뜨리는 문제도 있다. 심하면 오프라인에서 대인 관계도 어려워진다. 그렇다고 부정적인 기능이 긍정적인 기능을 압도하는 것은 아니다. 현대인은 스마트폰으로 과거보다 훨씬 많은 양의 정보를 입수할 수 있다. 과거 전문가만 독점했던 고급 지식도 마음만 먹으면 접근할 수 있다. SNS를 통해 수시로 연락을 주고받을 수 있어 과거보다 가족이나 친구들과 소통 면도 넓어졌다. 게임 중독자로 취급을 받던 사람들은 이제 유튜브에서 개인 콘텐츠를 생산하며 억대 연봉을 올리는 크리에이터로 떠올랐다.

지금 세계 인구의 절반은 스마트폰을 사용하면서 '포노 사피엔스' 문명과 함께 움직이고 있다. 이들은 아마존이나 구글, 페이스북과 같은 스마트폰 관련 기업을 세계 최고 기업의 반열에 올려놓았다. 스마트폰이 필수인 세상에서는 적절하게 사용할 줄 알아야 타인과 새로운 정보를 공유할 수 있다. 또 SNS를 통해 기존의 콘텐츠만 소비할 뿐 아니라 새로운 콘텐츠를 생산해 낼 수 있다. 이제 오프라인에 고정된 가치관에서 벗어나, 스마트폰의 순기능에 집중하고 적절하게 사용할 줄 알아야 포노 사피엔스 시대에 슬기롭게 살아남을 수 있다.

4. 신문화 적응기

코로나19가 창궐하기 전에 독서 토론 밴드 회원과 전주에서 만났다. 온라인에서 사귄 1호 친구다. 그 친구의 밴드 회원명이 친정 엄마처럼 '남원댁'이어서 친근감이 남달랐다. 우리는 만남이 끝난 뒤 하룻밤 묵을 수 있도록 사전에 여행을 준비했다. 그 친구는 고맙게도 내 계획에 응해 주었다. 소소한 나눔이나 특별한 사건도 없었는데 '친구가 되었다'고 느낀 순간부터 그 친구를 향한 끈끈한 감정이 거미줄처럼 생겼다. 밴드에서 친구의 이름을 보면 반갑고, 내 글에 다는 댓글보다 다른 사람에게 다는 댓글의 길이가 더 길면 질투가 나기도 했다. 온라인이지만 주고받는 글에서 느낄 수 있는 감정이 오프라인 못지않았다. 연초에도 "나는 시간이 많은 반나절 유한(有閑) 마담이니 흰 구두 신고 만나러 가겠습니다. 꽃피는 봄에요."라고 그 친구에게 카톡으로 소식을 전했다. 그러자 "아파트로 이사했는데 근처에 토끼 농장이 많습니다. 꼭 오세요, 토끼 잡아 드릴게요. 세 마리까지 가능함. ^^"이라고 답장이 왔다. 카톡으로 안부 인사와 이런저런 농담을 주고받으며 수십 줄을 간단히 넘겼다.

스마트폰이 만들어 낸 신문화다. 스마트폰은 이제 인터넷 접속부터 경제 활동까지 생활 깊숙이 자리를 잡았다. 스마트폰을 통해 음식 재료를 밀키트로 주문하고, 삼겹살 구이도 시켜 먹을 수 있다. 공연도 온라인 관람이 가능하며, 독서 모임도 랜선으로 대신한다.

올해 한 대학교의 신입생 입학식은 아바타를 만들어 실제 인물을 대신하는 메타버스 방식으로 진행했다고 한다. 코로나19 상황 때문에 어쩔 수 없는 일이라지만, 중년을 넘긴 나로서는 랜선 입학식이 선뜻 받아들이기는 어렵다. 이쯤 되니 오프라인의 마지막 세대가 될 듯한 '시덜트'임을 고백하지 않을 수 없다. 내 세대의 초등학교 입학식은 왼쪽 가슴에 흰색 수건을 핀으로 꼽고 운동장에서 치렀다. 중고등학교 입학식도 가족과 함께 운동장에서 거행되었다. 오프라인 문화하면 재래시장을 빼놓을 수 없다. 직접 만져 보고 고르며 흥정하는 재미가 있어 지금도 종종 이용한다. 갑자기 밴친 1호 시덜트 친구가 보고 싶다. 오랜 격리 생활로 사람이 그리운 때인가 보다. 제 흰 구두는 아직 밑창이 튼튼합니다. 우리 만날까요?

5. '스마트폰 가방 쇼핑 중'

건망증이 하도 심해서 물건을 자주 잃어버리곤 한다. 어떤 때는 분실할까 봐 너무 잘 챙겨 두는 바람에 찾지 못하는 해프닝까지 벌어진다. 그래서 꼭 기억할 물건은 놓아둔 장소를 스마트폰으로 찍어 둔다. 스마트폰이 생겨 편리한 점이 참 많아졌다. 과거에는 컴퓨터로 하던 일을 스마트폰으로 대신한다. 이메일의 문서 확인 작업과 스케줄 관리, 은행 업무, 간단한 메모에 이르기까지 다양하다. 이동 중에는 유튜브를 검색해 시청하기도 한다.

그런데 스마트폰 사용이 빈번해지면서 되레 기억할 것을 잊는 일이 덩달아 늘어났다. 이제는 거꾸로 스마트폰 때문에 기억력이 쇠퇴해 스마트폰 의존도가 더 높아지고 있다. 게다가 건망증 때문에 스마트폰을 분실한 일도 몇 차례나 있었다. 그때마다 찾기는 했지만 스마트폰을 잃어버린 사실을 안 순간부터 스트레스 지수가 엄청나게 치솟았다. 저장해 둔 정보와 연락처, 메모, 페이에 저장된 카드가 떠오르면서 어떻게 할지 몰라 발을 동동 구른 적이 한두 번이 아니다. 스마트폰이 껌딱지처럼 몸에 착 달라붙는 발명이 나왔으면 좋겠다는 바람이 간절하다.

한동안 스마트폰을 들고 다니면 분실하지 않을 것이라고 생각해 손에 꼭 쥐고 다니기도 했다. 손에 감각이 있으니 스마트폰이 사라지면 허전해져 금방 알아차릴 거로 생각했기 때문이다. 하지만 아니었다. 백화점이나 마트의 화장실에서 손을 씻고 세면대에 놔두고 나오는 일이 허다했다. 게다가 손에 들고 다니기도 귀찮아져 가방을 사기로 했다. 유행에 따라 한동안 쓰다 버려도 아깝지 않을 가격대다. 크기도 스마트폰 하나와 색조 화장품이 들어갈 정도면 된다. 며칠 전에 가방 하나를 샀는데, 스마트폰을 넣고 나니 공간이 부족해 다시 사려고 살피는 중이다. 발명이 나오기까지는 가방이 스마트폰과 나의 지킴이 역할을 할 것이다.

6. 아버지의 새 친구

엄마가 고등학교 동창회에 다녀오시더니 2G폰을 스마트폰으로 바꾸겠다고 말씀하셨다. 동창회의 연락을 카카오톡으로만 하기로 해서 그렇단다. 어디서 구입할지도 알아봐 달라고 하셨다. 알고 지내는 휴대 전화 대리점 주인에게 어르신들이 편하게 쓰실 만한 스마트폰을 물어봤다. 때마침 행사 기간이라 기곗값은 무료라고 했다. 이번에 아버지도 전화를 바꾸는 게 어떠시냐고 여쭈었다. 하지만 멀쩡한 휴대 전화를 바꾸면 낭비라고 거절하셨다. 엄마가 스마트폰으로 바꾸고 며칠 지나 친정에서 저녁 식사를 할 때였다. 아버지께서 불쑥 스마트폰 얘기를 꺼내셨다.

"네 엄마가 요즘 스마트폰에 빠졌다니까. 너무 조용해서 뭐하나 보면 카톡인지 뭔지 하느라 정신이 없어. 어린애도 아니고, 참."

"친구분들이랑 소통하는 게 즐거우신가 보죠. 아버지도 스마트폰으로 바꾸면 엄마처럼 되실지 몰라요."

"그럴 일 없다. 바꾸지도 않겠지만 바꿔도 스마트폰에 끌려다니지 않을 거야."

그 뒤 몇 번을 더 권유했는데도 아버지께서는 2G를 고수하셨다. 하지만 영원할 것 같던 2G폰이 망가져 어쩔 수 없이 스마트폰으로 바꾸게 되었다. 아버지께선 값싼 제품을 원했고, 요금제도 기본으로 하셨다. 아버지께서 휴대 전화를 바꿀 무렵, 평생 하시던 일을 접으시고 집에 들어앉으셨다. 그리고 요양보호사로 일하는 엄마 대신 집안일을 돌보며 소일하셨다. 아버지께서 무료하실 것 같아 은근히 걱정도 되었지만, 해 드릴 수 있는 게 많지 않아 미안한 마음이 컸다. 그런데 하루는 엄마가 데이터 경고 문자를 보고 놀라서서 대리점을 방문했다고 지인에게 전화가 왔다. 지인은 5,000원만 추가하면 데이터를 마음껏 쓸 수 있으니 어머님께 말씀드린다고 했다. 이참에 아버지의 휴대 전화 요금제도 엄마처럼 바꾸면 좋겠다고 했다. 그러자 지인은 며칠 전에 아버지께서 데이터 사용량 초과로 추가 요금이 발생해 대리점에 들르셨다가 엄마와 같은 요금제로 바꿨다고 귀띔했다. 아버지께서 스마트폰으로 뭘 하시는지 궁금해 엄마에게 전화를 걸었다.

"아휴, 말도 마라. 밥을 먹다가도 카톡 소리만 나면 달려가서 확인하고 난리이어야. 평소에 연락이 잘되지 않던 친구들과 소통하니까 즐거우신가 봐. 유튜브에서 좋아하는 목사님들의 설교 영상을 찾아보시느라 배터리가 금세 닳을 정도야."

아버지는 스마트폰 덕에 새로운 재미가 생긴 모양이었다. 평생 하던 일을 그만두시고 우울할까 봐 내심 걱정했는데 다행이었다. 아버지의 새 친구인 스마트폰이 시시해질 때쯤 어떤 친구를 소개해 드려야 할지 지금부터 고민 좀 해 봐야겠다. 그래도 당분간은 스마트폰만 한 친구는 없을 것 같다.

행복

1. 행복으로의 초대

지난해 8월 말 남편과 딸아이가 코로나 확진 판정을 받았다. 백신 접종을 마친 나만 코로나의 마수에서 벗어날 수 있었다. 남편은 조심성이 무지 강하다. 딸아이는 집에서도 마스크를 쓸 정도로 방역에 철저했다. 더구나 여름 휴가도 가지 않고, 가족 모임조차 갖지 않았다. 그런데 확진이라니 마른하늘에 날벼락이었다. 남편은 병원으로, 딸아이는 생활 치료 센터로 들어가 치료를 시작했다. 나도 밀접 접촉자로 분류되어 2주간 자가 격리를 했다. 격리 기간에 직장 출근은커녕 외출도 못 했다. 딸 걱정이 앞서 담당 공무원에게 생활 치료 센터에 함께 들어가게 해 달라고 부탁했다. 하지만 소용이 없었다.

남편과 아이는 고열과 기침으로 무척 괴로워했다. 그런 모습을 보면서도 학원 선생님의 입장이어서, 나 때문에 학원이 폐쇄되지나 않을까 더 두려웠다. 또 2주간 자가 격리가 끝나면 수업을 보충할 방법도 궁리해야 했다. 처음엔 남편과 아이 걱정에 이런 속물적인 고민까지 더해져 잠자리에 누워도 잠이 오지 않았다. 텔레비전을 봐도 눈은 허공으로 향했고, 밥을 먹어도 어디로 들어가는지 몰랐다. 주변에서 걱정해 주는 전화가 와도 달갑지 않았다. 게다가 남편과 아이에게 하루에도 몇 번씩 전화해서 생사를 확인하고 열 상태를 점검하느라 매일이 지옥이었다.

얼마 전 아이의 사춘기가 감당이 안 되는 데다 남편도 내 편 같지 않아 서운했다. 그래서 아무도 없는 곳으로 가서 일주일쯤 쉬다 왔으면 좋겠다고 엄포를 놓은 적이 있다. 그때의 입방정이 화근이 된 것은 아닌지 하는, 정말 말도 안 되는 자책이 들기도 했다.

그러다 갑자기 그렇게 조심했는데 왜 우리 가족을 덮친 거지 하는 분노가 치밀었다. 코로나 확진자가 2000명이 넘는다고는 하지만 걸리지 않은 사람이 더 많다. 그런데 왜 하필 우리 가족이냐 하는 야속함 때문에 하늘까지 원망했다. 그렇게 5일쯤 지나면서 다행히 남편과 아이의 열이 떨어지기 시작했다. 식사도 조금씩 할 수 있다는 소식이 들렸다. 그전에는 남편과 아이 모두 약에 취해 전화 통화조차 어려워 답답했다. 이제 상황이 나아지면서 언제든지 통화가 가능해졌다. 그러자 신기하게도 분노와 원망이 조금씩 사그라지기 시작했다. 나중에는 이 정도에서 마무리된 게 다행이라는 마음까지 생겼다. 그러면서 주변에서 걱정해 주는 전화도 받고 밥도 먹으며 조금씩 일상으로 들어갈 수 있었다.

마음의 여유가 생기는 순간, 문득 행복은 타인이 만들어 주는 게 아니라 마음먹기에 달렸다는 깨달음이 들었다. 과거에는 남편이 나에게 좀 더 친절했으면, 아이가 말을 잘 들었으면 더 행복할 거라 생각했다. 하지만 막상 남편도 아이도 함께할 수 없으니 전혀 행복하지 않았다. 행복의 문은 타인이 밖에서 열어 줄 수도 있지만, 내 안에서 열어 기꺼이 맞이해야 참맛을 느낄 수 있다는 사실을 터득한 것이다.

내일이면 남편과 딸아이가 집으로 돌아온다. 어느 때부터인가 말수가 많아져 귀찮게 하는 남편, 지독한 중2병을 앓느라 통제가 안 되는 아이가 온다. 하지만 이제는 하나도 귀찮거나 부담스럽지 않을 거 같다. 남편과 아이는 분명 병원과 생활 치료 센터에서 겪은 모험담을 귀가 솔도록 들려줄 것이다. 그래도 듣고 또 들어줄 것이다. 사랑하는 남편과 딸, 나의 행복한 일상으로 초대하오니 기꺼이 들어와 주시길.

2. 햇빛

창을 통해 쏟아져 들어오는 아침 햇살을 맞으며 눈을 뜨면 가슴이 설렌다. 7년 전 남편에게 저무는 해보다는 떠오르는 태양을 보며 일어나고 싶다고 했다. 우리 집은 그때 서향이어서 창을 통해 항상 붉은 노을을 마주했다. 나는 잊힐 만하면 아이들이 동트는 모습을 보며 하루를 시작했으면 좋겠다고 투덜거렸다. 그러다 소원을 풀어 동향으로 이사했다. 아침마다 떠오르는 해뿐만 아니라 달까지 보게 되어 금상첨화였다. 아이들과 달의 위상 변화까지 관찰하면서 신이 났다. 문제는 여름이었다. 동이 트는 시각부터 해가 중천으로 오기까지 계속 강한 햇살을 받았다. 아이들이 덥다며 불만을 토해 냈다. 사람들이 옛날부터 남향집을 찾는 이유를 뼈저리게 느꼈다. 남향집이 정말 부럽게 보이곤 했다.

그때 문득 행복의 조건이 무엇인지 궁금해졌다. 사람들은 저마다 행복을 추구한다. 행복의 기준은 서로 다르다. 미국 일리노이대 연구팀은 '명백하고 뚜렷한 행복의 조건을 건강하게 오래 사는 것이라고 했다. 오랜 병치레 없이 가족을 편안하게 해 주는 것이 행복이란 말이다. 반대로 건강하지 않으면 불행의 씨앗이 될 수 있다는 얘기다. 행운을 뜻하는 'Happiness'는 고대 스칸디나비아어로 행복의 의미인 'HAPP'에서 유래했다. 동양에서는 원래 행복이라는 단어가 없었다. 그래서 행복이라는 말이 생기기 전에 '복' 이라는 말이 쓰였다. 복에는 행운의 의미가 들어 있다. 행운은 좋은 운수를 만나 일이 뜻대로 잘 풀린다는 말이다. 동서양을 막론하고 행복은 취하는 게 아니라 말 그대로 찾아오는 복이었다. 그러니 행운이 찾아올 수 있도록 마음과 몸을 정갈히 하고, 그 복을 누릴 수 있도록 준비하면 되었다. 그런데 19세기 일본의 학자들이 서구의 개념을 번역하는 과정에서 물질적인 풍요를 상징하도록 '행'과 '복'을 붙여 신조어를 만들어 냈다. 그러다 보니 행복의 개념이 외형적이고 물질적인 경향으로 흘렀다. 사람들은 점점 물질을 손아귀에 넣어야 행복한 것으로 착각했다.

행복의 요소에서 물질을 뺄 수는 없다. 하지만 그게 절대적인 조건이 되어서는 안 된다. 같은 물질이라도 어떻게 받아들이느냐에 따라 가치가 달라지기 때문이다. 사람은 원하는 욕구를 채우면 항상 더 높은 단계를 행복의 기준으로 삼는다. 전세를 살면 집을 소유하고 싶다. 소유가 충족되면 더 넓은 평수를 원하며, 동향인지 남향인지 따진다. 물질의 많고 적음을 행복의 잣대로 삼으면 아무리 많이 가져도 불행할 수밖에 없다. 상대적 박탈감 때문이다. 물질욕은 일정 수준에 도달하면 만족도가 떨어진다는 연구 결과도 있다. 그렇다고 정신적인 가치만 추구하다 보면 몸이 건강하지 못해 스스로는 물론 애꿎은 가족과 이웃까지 불행에 빠뜨릴 수 있다.

답은 나와 있다. 행복은 물질이나 정신 어느 하나만 추구해서는 달성할 수 없는, 둘 다의 조화로움에서 찾아야 한다. 의미나 가치를 추구하고 살다 보면 돈도 따라오게 마련이다. 또 나와 타인에게 감사하면서, 물질을 틀어쥐려만 하지 말고 나눈다면 매 순간 가치를 발견하고 행복을 느끼며 살 수 있을 것이다.

3. 일상

행복하냐고 물으면 선뜻 대답하기 쉽지 않다. 행복한 순간을 떠올릴 수는 있지만, 행복이 추상적인 말이기 때문이다. 그러니 일상에서 행복한 삶을 추구해도 그게 어떠한 삶이라고 꼬집어서 말하기 어려운 것이다. 인터넷을 검색하다가 『아주 보통의 행복』(최인철)이란 책에서 '열광하는 것 하나쯤 가슴에 품고 사는 것이 행복이다.'라는 문구를 봤다.

그 순간 나를 열광시키는 것이 무엇인지 돌아봤다. 여행이었다. 매일 반복되는 일상에서 벗어나 새로운 곳에서 보고 느끼는 감동은 나를 새로 태어나게 만든다. 여행을 가기 전에 장소를 검색하고 필요한 것을 챙기는 과정에서도 설렘으로 행복하다. 여행지에서는 자연을 만끽하고 좋아하는 사람들과 맛있는 음식을 나누는 순간이 행복이다. 돌아와서는 여행지에서 찍은 사진을 보며 추억하는 일이 행복하다. 다음 여행을 계획하며 다시 열심히 사는 일상도 소중하다. 열광까지는 아니더라도 이처럼 좋아하는 것 하나만 품어도 행복할 수 있는데, 열광할 수 있는 일을 품고 산다면 얼마나 더 행복할까. 문득 사전에서는 행복을 무엇이라고 정의했는지 궁금해서 들춰봤다. '생활에서 기쁨과 만족감을 느껴 흐뭇한 상태'라고 한다. 코로나19가 지속되면서 여행의 즐거움을 빼앗긴 나에게 어쩌면 그렇게 와 닿는 말인지 사전을 다시 봤다.

이제 행복의 기준을 조정해야겠다. 평범한 일상이 얼마나 소중한지 깨닫게 되었기 때문이다. 마스크를 쓰지 않고 원하는 곳을 마음대로 갈 수 있는 일상, 식당에서 좋아하는 사람들과 음식을 먹을 수 있는 일상이 얼마나 큰 행복인지 말이다. 이렇게 보면 행복은 추상적인 것도 대단한 것도 아니다. 그저 일상에서 주어진 하루를 충분히 누리면 되는 일이다. 위드 코로나 시대에 지금 좋아하는 누군가와 좋아하는 일을 하고 있다면 그게 최고의 행복이 아닐까.

4. 행복의 원천

『프레드릭』은 20세기의 이솝이라 불리는 네덜란드의 작가 레오 리오니(1910~99)의 그림책이다. '프레드릭'이라는 개성적인 캐릭터를 창조해 개인과 개인, 개인과 공동체, 자기 인식이라는 주제를 녹여 냈다. 그는 프레드릭을 통해 행복이 가까이 있다고 말한다. 수다쟁이 들쥐 가족이 겨울을 나기 위한 준비를 열심히 한다. 그런데 아무 일도 하지 않는 듯 보이는 생쥐 한 마리가 있다. 프레드릭이다. 하지만 프레드릭은 햇살과 색깔, 이야기를 모으는 중이다. 겨울이 되었다. 들쥐 가족은 식량이 떨어지자 말조차 할 기운이 없다. 그때 프레드릭이 그동안 모아 두었던 햇살을 선물하고, 색깔이 담긴 이야기를 들려준다. 들쥐 가족은 무척 행복해한다. 그 순간 프레드릭은 시인이 된 듯하다.

다른 들쥐들은 바쁘게 일하는데, 프레드릭은 졸린 눈을 한 채 가만히 있거나 동그마니 앉아 풀밭을 내려다본다. 동료 들쥐들과 어울리지 못하고 다른 행동을 한다. 프레드릭의 이 같은 태도는 내향적이기 때문이다. 내향형은 자신을 게으르거나 소심하게 보이도록 만든다. 심하면 현실에 적응하지 못하는 것처럼 보이게도 한다. 하지만 프레드릭은 자기 내면에 집중해 자신만의 이야기를 만들어 낸다.

프레드릭에게 자존감이 없다면 버티기 어려운 환경일 수도 있다. 프레드릭의 자존감은 한겨울에도 이야기꽃을 피우게 만들어 들쥐 가족에게 행복을 선물한다. 들쥐 가족이 "너는 시인이야."라고 칭찬하자, 프레드릭은 얼굴을 붉히면서 자신도 안다고 말한다. 프레드릭은 아마도 '그지없는 행복'을 경험한 것처럼 보인다.

자신의 가치를 충분히 느낄 때 외부의 도움 없이도 스스로 느끼는 기쁨, 내면에서 시작되는 최고의 기쁨을 말이다.

조선 후기에 실학을 집대성한 정약용(1762~1836)은, 18년간 유배 생활을 하는 고통스러운 삶을 살면서도 자신이 옳다고 생각하는 길을 걸었다. 자신의 묘지명에도 "하늘의 총애를 한 몸에 받아 어리석은 마음을 깨우쳤네."라고 적을 정도였다. 비슷한 시기에 활동한 문인화가 강세황(1713~91)은 다른 사람의 시선을 의식하기보다는 자화상 등 오롯이 자신이 좋아하는 것을 즐기는 삶을 그림으로 표현했다. 두 대가의 공통적인 행복의 조건은 프레드릭처럼 자존감이었다. 프레드릭이 자기 이야기를 할 때 가장 행복했듯, 이제 자신의 이야기에 집중해 보자. 그러면 그것이 행복이 아닐까.

5. 무지개를 품은 비

우리 집에는 남편과 나, 빵을 만드는 아르바이트생 작은딸과 초등학교 5학년 막내딸, 이렇게 넷이 산다. 큰딸은 부산에서 취업을 준비 중이다. 남편은 대기업에 다닌다. 자기가 없으면 회사가 망할 것처럼 스스로 일을 만들어 가며 하는 바람에 엄청 바쁘다. 작은딸은 미국에 인턴으로 갔다가 지난해 코로나19 때문에 돌아왔다. 아쉬움이 남아 그런지 호시탐탐 다시 나갈 기회만 엿보다가 여행이라도 하고 싶어 열심히 돈을 모으는 중이다. 막내딸은 무슨 비밀이 그리도 많은지 스마트폰을 끼고 조용히 방으로 사라졌다가 배가 고파야 나타나는 사춘기 예민 덩어리다. 이러다 보니 다섯 식구가 식탁에 둘러앉아 두런두런 이야기를 나누며 밥을 먹은 기억이 가물가물하다.

그런데 이번 추석은 좀 특별했다. 큰딸이 남자친구를 집으로 데려왔기 때문이다. 젊은 시절의 나를 닮은 딸이, 짝을 찾아 행복한 눈으로 그를 바라보는 모습이 낯설었다. 딸과 떨어져 있던 대학 4년의 공백만큼이나 큰, 마음의 구멍이 뚫린 느낌이 들었다. 육신의 일부가 떨어져 나가는 쓰라림도 맛봤다. 불현듯 부모님도 이런 기분이 들었을 것 같아 미안함이 더해졌다. 딸의 남자친구는 바닷가에서 해먹을 경험해 본 적이 없다고 했다. 그래서 가족 모두 추억을 만들어 주겠다면서 아침 일찍 칠포 바닷가에 나가 자리를 폈다. 실은 어색한 집안 분위기를 벗어나 탁 트인 곳으로 나가자는 심산이 컸다. 차로 15분만 달리면 바다가 있는 우리 동네가 이럴 땐 정말 좋았다. 텐트와 의자, 그릴 등을 차에 싣고 삼겹살 몇 덩이를 싸든 채 도착했는데, 구름이 심상치 않았다. 버너에 겨우 불을 붙이자마자 비가 쏟아졌다. 그래도 포기하지 않고 연기를 들이마시며 고기를 다 구워 먹고 났더니 비가 그쳤다. 해먹을 치면 비가 오고, 거두면 그치기를 숨바꼭질처럼 반복했다. 덕분에 남자친구를 포함해 우리 식구들은 좁은 텐트에 앉아 이야기를 나누며 친해질 수 있었다.

이제 곧 독립해야 하는 큰딸의 앞날이 어떻게 펼쳐질지는 모른다. 딸아이도 나처럼 두렵지만 센 척하고 있을지 모른다. 혼자라는 두려움에 고향인 광주에서 직장이 있는 수원까지 오가는 버스에서 흐느끼기도 했다. 친정에 왔다가, 전라도 며느리를 봤다며 은근히 못마땅해 하시던 시어머니께 다시 돌아가야 하는 명절 마지막 날 버스에서도 혼자 울었다. 그래도 남편을 만나 사랑하고, 자식들을 만난 것은 인생 최대의 행복이었다. 나에게 행복은 지금, 이 순간 일상에서의 만남이고 함께함이다. 비가 오면 좀 맞으면 어떤가. 비가 그치면 해먹도 타고, 사랑하는 사람과 손을 잡고서 모래사장도 밟고, 바닷물에 발도 담그고 그런 것이지…. 그 모든 순간이 행복 아니겠는가. 우리 가족은 특별한 추석에, 비 오는 날 캠핑의 추억까지 더해 무척 행복했다. 짐을 챙겨 돌아오는 길에 저 멀리 수평선 위로 큼지막한 무지개가 떴다. 비를 만나면 이젠 기억할 수 있다, 비는 무지개를 품고 있다는 사실을.

6. 행복의 시작

사람은 누구나 행복하길 바란다. 그런데 행복의 조건은 무엇일까. 가장 먼저 떠오르는 것이 돈이다. 과거 연세대에서 서울 시민 수백 명에게 행복의 조건을 물은 결과에서도 4할 이상이 돈이라고 대답했다. 돈이 얼마나 있으면 행복한가라는 질문에는 4할 가까이가 10억~50억 원을 꼽았다. 평균 금액은 21억 원이었다.

그런데 행복과 소득의 상관관계를 조사한 설문에서는 고소득층의 경우 돈의 많고 적음이 행복감의 크기에 별 영향을 주지 않았다. 오히려 월 소득이 430만 원인 가구원의 행복 지수(63점)가 630만 원인 가구원의 행복 지수(61점)를 앞질렀다. 일정 소득을 넘어서면 돈이 많아도 행복감이 더 커지지는 않는다는 얘기다. 미국 일리노이대 심리학과 에드 디너 교수의 조사에서도 비슷한 결과가 나왔다. 미국의 100대 부자 가운데 49명의 평균 행복도가 7이라면 고소득층은 5.82, 미국인 전체 평균은 5.34였다. 그리고 부자들도 행복한 이유를 일반인처럼 돈이 아니라 사랑과 친구, 좋은 가정, 성취감, 자존감, 건강 등에서 찾았다.

가난하면 불행하다고 생각해 돈을 벌려고 발버둥을 친다. 하지만 설문 조사에서 보듯 돈이 많을수록 행복해질 거란 생각은 오산이다. 무엇인가 부족한 것을 채우고 나면 또 다른 불만족이 생겨 행복을 느낄 수 없기 때문이다. 따라서 행복의 기준을 바꾸지 않으면 영원히 행복할 수 없다.

행복은 만족에서 시작된다. 무언가 성취하거나 부족한 것을 채워야 행복을 느낀다면 그 행복감은 오래가지 못한다. 채우거나 성취하는 순간 현실에 불만족할 수밖에 없기 때문이다. 행복감을 지속적으로 느끼려면, 재난이 닥쳐도 더 큰 재난이 아닌 것을 다행으로 생각하고 감사할 줄 알아야 한다. 만족하지 못하면 불행해진다. 욕구보다 내가 가진 것이 적다면 욕구를 줄이면 된다. 만족하는 삶을 사는 것이 행복이다.

7. 소소함

넷플릭스에서 얼마 전부터 초등학교 때 즐겨 하던 '오징어 게임' 타이틀이 달린 드라마가 방영되고 있다. 9부작인데, 456억 원의 상금이 걸린 서바이벌 게임에 참가한 사람들이 최후의 승자가 되기 위해 목숨을 걸고 도전하는 이야기다. 어릴 적 게임에서는 지면 탈락이라는 말 대신 "너 죽었어!"라고 했는데, 이 게임에서는 탈락하면 바로 죽음이다.

수백 명의 빚쟁이는 목숨을 담보로 거액의 상금을 타서 새로운 삶을 시작하고 싶어 한다. 하지만 오직 한 명만 승자가 될 수 있다. 주인공인 성기훈은 구조 조정으로 실직한 뒤 사채를 빌려 도박판을 전전하다 이혼을 당하고 무기력하게 산다. 기훈은 새아빠를 따라 미국에 간다는 딸에게 선물도 해야 하고, 당뇨병으로 당장 입원해야 하는 어머니의 치료비를 대려면 큰돈이 절실했다. 그래서 게임에 참가한 뒤 운 좋게 최후까지 살아남아 456억 원을 거머쥐었다. 하지만 어머니는 이미 세상을 떠난 뒤였다. 돈을 함께 쓰며 기쁨을 누릴 대상이 없으니 행복할 수 없었다. 기훈의 동네 후배 조상우는 서울대를 졸업하고 대기업에 입사해 성공한 삶을 사는 것처럼 보였다. 하지만 고객의 돈까지 빼돌려 투자하다가 60억 원이 넘는 빚더미에 앉았다. 돈에 대한 끝없는 욕심이 상우를 오징어 게임으로 내몰았다. 외국인 노동자 알리는 공장에서 일하다 손가락이 잘렸지만 병원비는커녕 6개월이나 밀린 월급도 받지 못했다. 그래서 돈을 달라고 사장과 몸싸움을 하다가 사장의 손이 기계에 빨려 들어가는 바람에 도망자 신세가 되었다. 알리도 어쩔 수 없이 목숨을 건 오징어 게임에 참가했다. 알리는 특수한 경우

이지만, 오징어 게임 참가자들은 대개 자신의 어리석은 욕망 때문에 스스로를 벼랑 끝에 서게 했다. 어쩌면 그들은 돈을 최우선의 가치로 여겼기 때문에 벌을 받은 것일 수도 있다. 자신이 가진 것에 만족하지 못하고 남의 것까지 가지려 들다가 불행의 나락으로 떨어진 것이다.

사람은 누구나 행복한 삶을 원하게 마련이다. 하지만 행복의 가치를 어디에 두느냐에 따라 행복할 수도 있고 불행할 수도 있다. 성경의 빌립보서에서 사도 바울은 "어떠한 형편에서든 내가 자족하기를 배웠노니, 내가 비천에 처할 줄도 알고 풍부에 처할 줄도 알아 모든 일에 배부르며…."라고 했다. 결국 자신이 가진 것에 만족할 줄 알면 좀 적더라도 행복할 수 있다. 돈을 멀리하고 가난하게 살라는 말은 아니다. 살면서 부를 추구하는 일은 인지상정이다. 하지만 지나치게 물질에만 가치를 둔다면 오징어 게임의 기훈처럼 다 가져도 진정한 행복의 주인은 될 수 없다. 행복하길 바란다면 내 가족과 이웃의 소중함을 알고, 시원한 바람 한 점에도 감사할 줄 알아야 한다. 일상의 소소함을 챙기고 만족하는 것이 바울이 말하는 참 행복의 시작이다.

친구

1. 거리 두기
2. 백아와 종자기
3. 인생의 거울
4. 도서관
5. 동네 친구
6. 필라테스
7. 봉투

1. 거리 두기

인디언 말로 친구는 '나의 슬픔을 등에 업고 가는 사람'이라고 한다. 삶의 어두운 터널을 지나며 지쳐서 주저앉았을 때, 손을 잡고 일으켜 세워 줄 수 있는 사람이다. 그런 친구가 하나라도 있다면 세상을 살아 볼 만하지 않을까.

중학생 딸이 엊그제 성격이 예민한 친구와 갈등이 생겼는지 절교를 고민하고 있었다. 그 모습을 보니 불현듯 내 중고등학교 시절이 떠올랐다. 그때는 가족보다 친구가 더 좋고, 없으면 안 되는 소울메이트로 여기던 시기였다. 그래서 근심과 기쁨은 물론 감추고 싶은 부분까지 남김없이 공유했다. 그런데 어른이 되어서는 손익의 잣대로 필터링하면서 할 말과 안 할 말을 구분해 계산적으로 접근하게 되었다. 내가 한 말이 부메랑이 되어 돌아올 것이 걱정되어 가식적인 관계를 맺을 수밖에 없는 것이었다.

한때는 순수성이 사라진 이런 내 모습이 싫어 자조하기도 했다. 그러면서 청소년기의 순수를 나눌 수 있는 친구에 대한 갈증이 커졌다. 그래서 나와 마음이 맞는 친구가 생기면 가감 없이 보여 주고 공유하며, 친구도 그렇게 해 주길 바랐다. 그런데 어느 때부터인가 친구가 일거수일투족을 다 공유해 주는데, 자기가 좀 처리하지 하는 마음이 들면서 은근히 부담이 생기기 시작했다. 상대의 모든 것을 알 정도가 되면 기대하는 바도 커서 오히려 친구의 작은 실수도 크게 보이고, 서운한 감정도 깊어지기 때문이었다.

나이가 든 요즘에는 절친 사이에도 아름다운 거리 두기가 필요하다는 깨달음을 얻었다. 역설적으로 어느 정도의 심리적 거리가 있어야 상대를 좀 더 깊게 이해할 수 있다고 느낀 것이다. 이전에는 늘 연락하며 지내는 친구가 소식이 뜸해지면 서운했다. 그런데 요즘에는 바쁜 일이 있겠지 하며 이해하게 된다. 그리고 만나서 얘기하면 정말 그 친구는 바빠서 그런 적이 많았다. 그렇게 관계를 맺으니 집착이 사라지고 친구를 더 깊게 이해하는 부분이 커져서 안식처 같은 느낌이 들었다. 아름다운 거리 두기를 통해 절친과 할머니가 될 때까지 금란지교를 이어가야겠다.

2. 백아와 종자기

중국 춘추 시대에 백아라는 거문고의 명인이 있었다. 그의 친구 종자기는 백아가 거문고를 타서 높은 산의 모습을 표현하면 '굉장하다. 높이 치솟는 느낌인데, 마치 태산 같구나'라며 칭찬해 주었다. 흐르는 물의 기상을 표현하면 '정말 좋다. 양양하게 물이 흐르는 느낌인데, 마치 장강이나 황하 같구나' 하고 기뻐해 주었다. 종자기는 이처럼 백아가 거문고에 의탁하는 기분을 틀리는 법이 없었다. 둘 사이의 마음이 맞았기 때문이다.

친구(親舊)는 가깝게 오래 사귄 사람을 말한다. 하지만 시간을 오래 공유했다고 우정이 쌓이는 것은 아니다. 진정한 친구는 공감의 밭에 신의의 씨앗을 뿌려 결실을 맺은 우정의 산물이다. 친구를 부르는 말 가운데 동무가 있다. 동무는 순우리말로 마음이 서로 통하여 가깝게 사귀는 사이라는 뜻이다. 동무는 오랜 시간을 함께 보낸 관계보다 믿음을 바탕으로 형성된 관계인 것이다. 현대에는 친구의 의미가 많이 가벼워져 우정의 체감 온도도 뚝 떨어졌다. 속도와 경쟁에만 치중하다 보니 사람 사이가 대립 구도로 바뀌어서 이해 관계에 따라 변질되기 때문이다. 마음으로 사귀지 않으니 서로에 대한 믿음이 얇아져 말 한마디에도 등을 돌린다.

최근 비대면 수업을 하는 큰딸 도덕시간이었다. 주제가 '친구였다. 선생님께서는 사귀지 말아야 할 친구의 유형을 말씀하셨다. 그 가운데 하나가 같은 반일 때는 죽고 못 살더니 다른 반이 되면 찬바람이 날 정도로 냉정하게 변하는 친구였다. 지금은 친해도 다른 반이 되면 금세 알 수 있다고 말씀하시는 순간, 친구의 의미가 묵직하게 다가왔다. 많은 시간을 공유한 친구보다 신의가 형성되어 변하지 않는 사이가 진정한 친구인 것이다.

결혼 생활을 하면서 친구 관계를 유지하는 일이 쉽지 않다. 하는 일과 사는 곳이 서로 달라 얼굴 한번 보기도 어렵기 때문이다. 게다가 삶에 치이다 보니 언제부터인가 친구 관계를 만드는 일이 어려워졌다. 나이와 상관없이 같이 있을 때 편하게 교감하고, 한결같이 내 손을 잡아 줄 수 있는 백아와 종자기 같은 동무가 그리워진다.

3. 인생의 거울

한 소년이 배를 타고 여행하다 폭풍우를 만나 난파했다. 배에 함께 탄 사람들은 모두 실종되고, 소년만 살아남아 표류하다 무인도에 상륙했다. 그런데 그 섬에는 소년과 같은 처지의 또 다른 소년이 살고 있었다. 둘은 금방 친해져 서로를 의지하는 사이가 되었다. 힘을 합쳐 움막을 짓고, 낚시와 사냥을 도왔다. 둘은 함께 먹고 자고 일하면서 그림자 같은 단짝이 되었다. 그리고 수년이 지난 뒤 섬 근처를 지나던 배에 의해 구조되었다. 사람들은 피가 전혀 섞이지 않은 두 사람이 쌍둥이처럼 닮았음에 놀랐다. 생김새뿐만 아니라 목소리나 생각까지 닮아 있었다.

사람은 유유상종이란 말이 있듯, 자기와 처지가 같거나 성격이 비슷한 사람끼리 친해지기 쉽다. 그리고 두 소년처럼 세월이 더해지면서 모습까지도 닮아 간다. 각기 다른 개인으로 존재하지만, 공동체에 속하는 순간 끊임없이 소통하며 관계를 유지해야 존재할 수 있기 때문이다. 처음 세상에 나오면 부모 형제와 관계를 맺고, 학교에 다니면서 관계를 넓힌다. 졸업한 뒤에는 직장에서 같은 목적을 가진 사람들과 소통해야 한다. 이들 가운데 속마음을 공유할 수 있는 관계가 친구다.

지난 주말 저녁 서울에 사는 친구가 부친상을 당해 장례식장으로 문상을 갔다. 코로나 시국에도 30년 지기들이 아픔을 나누고 위로하기 위해 전국에서 모여들었다. 친구들 가운데에는 남편이 지방으로 출장을 가는 바람에 아이들만 집에 두고 와서 마음이 급한 이도 있었다. 지방에서 급히 올라오느라 내려갈 차편을 걱정하는 친구, 다른 장례식장에도 들러야 해서 먼저 떠나는 친구도 있었다. 각자의 사정은 달라도 갑자기 아버지를 떠나보낸 친구를 걱정하는 마음은 같았다. 상을 당한 친구는 코로나 시국이 엄중하니 오지 않아도 된다고 했다. 하지만 우리는 같은 마음으로 모였고, 그런 의미에서 닮아 있었다. 무인도에서 함께한 소년들처럼 모습까지 닮지는 않았어도, 오랜 세월을 함께하며 비슷한 마음을 가지게 된 것이다. 우리는 갑자기 변덕을 부린 날씨 탓에 몸은 추웠지만 정을 나누다 보니 마음은 따뜻했다.

친구는 제2의 자기라고 한 아리스토텔레스의 말처럼, 삶에서 자부심의 상징은 물질보다는 친구라는 생각이 들었다. 친구는 인생의 거울이다. 훗날 그 거울에 비친 내 모습을 보았을 때 자부심을 가질 수 있다면, 괜찮은 삶을 살았다고 할 수 있을 것이다.

4. 도서관

엘리자베스는 브라운은 네덜란드의 사라 스튜어트가 지은 그림책 『도서관』에 등장하는 주인공이다. 깡마르고 수줍음 많은 데다, 눈이 지독히 나빠 큼지막한 안경을 쓴다. 그런데 다른 놀이에는 관심이 없고 오직 책만 읽는다. 수업 시간에도 책을 생각하고, 데이트를 하는 것보다 독서를 좋아한다. 책 읽기는 그의 삶 자체다.

엘리자베스가 어느 날 기차 여행을 하다 길을 잃는다. 그는 그 마을에 집을 마련하고 정착해 아이들을 가르친다. 엘리자베스는 항상 걸어서 시내로 나갔다가 돌아올 때는 책만 사 온다. 그는 집 안에 책이 쌓여 현관문까지 막아 버리자 곧장 법원으로 간다. 그리고 자신의 모든 재산을 마을에 헌납한다는 기부 서류에 사인한다. 그 집은 '엘리자베스 브라운 도서관'이 된다. 엘리자베스는 친구의 집으로 거처를 옮기고 오래오래 함께 살면서 매일 도서관을 드나든다.

내 자식이 엘리자베스처럼 책을 읽는다면 환영할 만한 일이다. 언제 어디서든 책을 읽을 정도라면 주위 환경에 휩쓸리지 않는 강한 집중력이 있어야 하니까 말이다. 그런데 엘리자베스에게는 친구가 없다. 이 책은 친구에 대해 다시 생각해 볼 수 있는 기회를 준다. 일반적으로는 친구를 많이 사귀어 관계를 넓혀야 한다고 생각한다. 그런데 엘리자베스는 이런 통념을 깨고 책이 친구가 될 수도 있음을 보여 준다. 그리고 책과 더불어 진정한 친구가 한 명만 있어도 괜찮다고 한다. 엘리자베스에게 책은 친구이자 선생님이며 남자친구기도 하다. 엘리자베스의 대인 관계가 좁아 보이긴

하지만 불행한 모습은 보이지 않는다.

책으로 얻을 수 있는 최고의 지식과 지혜는 실천이라고 한다. 엘리자베스의 기부도 책의 힘이다. 책의 힘은 엘리자베스에게만 미치지 않고, 다음 세대까지 이어진다. 나도 오랫동안 책을 읽으며 지냈다. 더구나 심리학 분야의 책만 읽다 보니 엘리자베스처럼 관계의 범위가 좁아져 친구가 거의 없다. 변화가 있다면 시간이 지나면서 과거보다 다양한 분야의 책을 읽고, 만나는 사람이 조금 늘었을 뿐이다. 그리고 책을 지식 습득의 수단이 아니라 친구로 만나고 있다. 내 작은 바람은 이제 직업적 경험을 살려 다른 사람의 친구가 될 만한 책을 쓰는 것이다. 오늘 '도서관'을 다시 펼쳐 본다.

5. 동네 친구

단아의 친구 수진이가 놀자며 대문 앞에서 기다리고 있다. 단아는 하던 일을 팽개치고 총알같이 달려 나간다. 아이의 뒷모습을 바라보면서 잔소리가 목구멍까지 올라왔으나 꿀꺽 삼켰다. 아이들은 뛰놀아야 한다고 생각하면서도, 며칠 전 가방에서 본 단원 평가 시험지가 생각나 한숨이 절로 나온다. 그래도 동네 친구가 있다는 게 얼마나 다행인가.

고향집 앞의 골목은 친구들의 놀이터였다. 근사한 장난감이 없어도 막대기 하나나 돌멩이 몇 개만 있으면 즐거웠다. 그도 없으면 땅바닥에 그림을 그리며 신나게 놀았다. 어둑어둑 해가 저물면 담장 너머로 저녁을 먹으라는 엄마들의 합창이 들렸다. 그러면 친구들이 하나둘씩 집으로 돌아가고, 골목은 다시 조용해졌다.

요즘 아이들에게는 함께 놀 동네 골목도, 시간도 없다. 아이들은 일상을 학교나 학원 숙제, 엄마 숙제에 빼앗겼다. 숙제를 하다 보면 땅거미가 지는 시간은 고사하고, 잠까지 줄여야 한다. 아이들은 공간을 공유해도 마음을 공유할 이야기가 없다. 학원이나 숙제 이야기가 대부분이다. 그러다 게임 이야기가 나오면 공통의 화제가 되기도 하지만 오래가지 못한다. 각자의 스마트폰 화면에서 눈을 떼지 못하기 때문이다. 친구라고 해 봐야 같은 반 친구 몇몇이며, 엄마 친구의 아들딸이거나 학원에서 만난 친구가 전부다. 그들과 온종일 시간을 보내면서 부대낄 틈이 없다. 아이들은 그래서 섬처럼 고립되어 간다. 부모가 원한 것도 아니고, 아이들이 선택한 것도 아니다.

이 시대의 아이들은 친구를 어떻게 생각할까. 온라인 게임에서 만나고, 함께 얼굴을 보고 있어도 카톡으로 대화하는 것이 편하니 말이다. 딸아이는 오늘 동네 친구들과 온종일 놀이공원에서 놀다가 와서 가족 단톡방에 사진을 쏟아놓았다. 요즘 아이들의 놀이와 소통 방식이다. "친구야 놀자!"라고 대문 앞에서 목청껏 부르던 어린 시절 친구들의 목소리가 그립다.

6. 필라테스

코로나19 때문에 5년 동안 사귄 친구와 결별했다. 바로 필라테스다. 5년 전만 해도 가장 친하지 않은 게 운동이었다. 운동하면서 흘리는 땀에 젖은 옷이 치덕거려서 싫었다. 세탁한 뒤 덜 마른 옷을 입은 느낌보다 더 찝찝했다. 게다가 운동이 끝나면 여지없이 찾아오는 뻐근함과 나도 모르게 터져 나오는 신음, 무엇보다 지독한 두통이 싫었다. 운동할 때 자세가 바르지 못해 그런 거라지만, 그러한 이유로 평생 운동과는 담을 쌓고 살았다.

그런데 5년 전에 운동과 강제로 친구가 되어야 했다. 허리가 너무 아파 병원에 갔다. X-레이로 훑은 내 몸은 성한 곳이 하나 없이 휘어지고 틀어져 있었다. 나이가 들면서 건강 관리를 하지 못한 흔적이 하나둘씩 쌓인 결과였다. TV 건강 프로그램에서 나오는 잘못된 생활 습관이나 식습관의 사례는 전부 내 이야기였다. 그때부터 TV에서 추천하는 건강 보조 식품을 먹기 시작했다. 시간이 갈수록 가짓수가 점점 늘었다. 어떤 때는 약에 의존해 산다는 기분이 들었다. 병원에서 치료를 받았지만 효과를 보지 못하고 시간만 낭비했다.

무엇을 해야 틀어진 몸을 바로잡을 수 있을지 무지 고민되었다. 결론은 운동이었다. 병원에서 처방을 받은 치료도 운동의 한 종류였다. 집 근처의 헬스장으로 달려가 몸에 맞는 운동을 추천 받았다. 필라테스였다. 그래서 바로 등록하고 다음 날부터 운동을 시작했다. 역시나 운동을 마치면 꼼짝도 할 수 없었다. 그런데 신통하게도 몸이 뻐근한 게 아니라 시원했다. 평소 달고 살던 두통도 사라지기 시작했다. 굽었던 어깨도 펴지는 느낌이 들었다. 어느 순간부터 습관적으로 먹던 약도 끊고, 대신 기분 좋은 헬스장 의존증이 생겼다. 친구가 된 것이다.

하지만 코로나19 때문에 집에 있는 시간이 늘어나면서 체중도 불었다. 당장에라도 필라테스를 하러 가고 싶지만 코로나가 워낙 무서워 선뜻 나서지 못한 탓이다. 집에서 유튜브를 보면서 흉내는 내고 있으나 효과를 보지 못했다. 내 친구 필라테스를 빨리 만났으면 좋겠다.

7. 봉투

“알바로 번 돈이야. 첫 월급이라 뜻있게 쓰고 싶었어. 부담 갖지 말고 받아 줬으면 좋겠어.”

“무슨 소리야, 난 못 받아. 힘들게 번 돈인 걸 아는데 어떻게 받아.”

나는 한사코 거절하다가 결국 친구가 내민 봉투를 받고 말았다. 그만큼 절박했기 때문이었다.

몇 년 전, 남편이 실직하면서 우리 가족이 어려운 처지에 놓였다. 꼬박꼬박 받던 월급만큼 빚이 차곡차곡 쌓이기 시작했다. 남편은 부지런히 알바를 했지만 생계조차 해결이 어려웠다. 남편이 직장에서 부하 직원의 잘못을 책임지고 그만둘 수밖에 없던 상황을 모르는 바가 아니었다. 하지만 생활이 궁핍해지면서 남편에게 화가 치밀기 시작했다.

그때 친구가 만나자고 연락이 왔다. 우리는 늘 하던 대로 밥도 먹고 차도 마시면서 수다를 떨었다. 그러다 남편 이야기를 꺼내고 말았다. 남편이 회사를 순순히 그만둔 게 화가 난다고 원망했다. 가족을 조금이라도 생각했다면 버텼어야 한다는 미련이 남았기 때문이었다. 이야기를 듣던 친구가 자기도 살림에 보태려고 세 살배기와 네 살배기 연년생 아들을 재우고 나서 부업을 한다고 털어놨다.

그 친구는 고등학교 3학년 때 같은 반이었다. 하지만 우리 그룹이 아니어서 그다지 친하지는 않았다. 그런데 도시락을 함께 까먹고 야간 자율 학습을 몰래 빼먹으면서 가랑비에 옷 젖듯 정이 들었다. 그러다 보니 졸업하고 결혼한 뒤 아이를 낳고서도 만남의 끈이 이어졌다. 돌아보면 둘 사이의 우정이 끊이지 않은 까닭은 순전히 친구의 노력 덕분이었다. 그 친구는 만나자고 항상 먼저 연락했고, 만날 때마다 자기 고민을 이야기했다. 처음에는 들어 주기만 했는데, 시간이 가면서 내 고백도 늘었다. 그러면서 둘은 비밀이 없을 만큼 아픈 부분까지 드러내 서로 공감하고 위로하는 사이가 되었다.

그렇게 한 달이 지난 뒤 친구가 다시 만나자고 연락이 왔다. 그리고 헤어지기 직전에 친구가 내민 봉투였다. 집에 돌아와 봉투를 열어 보니 오십만 원이 들어 있었다. 두 아이를 재워 놓고 잠도 못 자며 꼬박 한 달을 일해서 번 돈이었다. 그리고 자기 돈을 더 보탰음에 틀림없었다. 그 친구도 그 돈으로 아이들에게 맛있는 것을 사 주고, 필요한 물건도 사고 싶었을 터였다. 눈물샘이 터진 것처럼 눈물이 쏟아졌다. 친구에게 한없이 미안하고 고마웠다. 몇 년이 지난 지금도 그때의 일을 떠올리면 울컥해진다. 그리고 친구에게 떳떳한 모습을 보일 날만 고대하고 있다. 그날이 빨리 와서 친구에게 내가 받은 위로만큼 감동을 선물하고 싶다.

거짓말

1. 거짓말 가르치기
2. 첫 거짓말의 추억
3. 무정란과 유정란
4. 코로나와 친정 엄마의 생일
5. 여든까지 하고 싶은 거짓말

1. 거짓말 가르치기

사람들은 살면서 자기도 모르게 거짓말을 한다. 약속 시각에 늦으면 차가 막혔다고 둘러대고, 마음에 안 드는 선물을 받았을 때는 상대의 성의를 생각해 감사하다고 말하기도 한다. 이처럼 아주 사소하고 의례적인 말까지 포함하면 하루 평균 200번의 거짓말을 한다고 한다. 미국 서던캘리포니아대 제럴드 제리슨 교수가 성인 20명의 몸에 소형 마이크를 부착한 뒤 하루에 얼마나 거짓말을 하는지 조사한 결과다. 2017년 EBS에서 기획한 프로그램 '거짓말'에서는 하루 평균 세 번의 거짓말을 한다는 연구 결과를 소개했다. 20대부터 40대까지 다양한 직업에 종사하는 10명을 선정해 열흘간 거짓말의 구체적인 내용과 상황, 거짓말 전후의 느낌을 적는 '거짓말 일기'를 쓰게 했더니 나온 결과다. 받기 싫은 친구의 전화에 미팅 중이라고 말하는 등 주로 곤란한 상황을 모면하기 위한 거짓말이었다.

연구마다 거짓말의 횟수가 차이 나는 까닭은 거짓말의 개념과 범주를 어떻게 정하느냐에 따라 결과가 달라지기 때문이다. 거짓말은 남을 속이기 위한 것이 있는가 하면, 자신을 보호하려는 거짓말, 선의의 거짓말까지 다양하다. 따라서 하루에 몇 번의 거짓말을 하느냐가 중요한 게 아니라, 선의와 이타심이 담긴 거짓말이라면 양심의 가책을 받을 일은 아니라는 것이다. 예를 들면 상대의 기분을 고려하거나 다수에게 유익한 결과를 주기 위해서 하는 선의의 거짓말이 이에 해당한다. 몸이 아프지만 다른 사람을 걱정시키지 않기 위해 괜찮다고 하는 말이나, 의사가 위중한 병에 걸린 환자에게 큰 병이 아니니 나을 수 있다고 하는 말이 선의의 거짓말이다.

선의의 거짓말은 인류의 공통 정서이며 관습이기도 하다. 어린이들은 대다수가 산타클로스의 존재를 믿는다. 부모들은 아이들의 기대를 저버리지 않으려고 몰래 준비한 선물을 산타클로스의 선물이라고 내놓는다. 독일의 철학자 임마누엘 칸트(1724~1804)는 선의의 거짓말도 비난받아 마땅하다고 했다. 하지만 현대 사회에서 선의의 거짓말은 생활을 매끄럽게 하는 지혜의 소산이다. 어른들은 아이들에게 거짓말을 하지 말라고 가르치지만, 다른 한편에서는 실망스러운 선물을 받더라도 감사 인사를 하고, 할아버지의 몸에서 고약한 냄새가 나도 사실을 말하지 말라고 가르친다.

선의의 거짓말은 이처럼 생활에 유용하게 사용되며 인간관계가 원활하게 돌아가도록 돕는 윤활유 역할도 한다. 따라서 '거짓말을 해서는 안 된다'는 정언 명령을 따르라고만 강요할 게 아니라 융통성을 발휘해야 할 상황도 가르쳐야 한다. 정직함보다는 선의의 거짓말이 어떤 이에게는 격려가 되고, 어떤 이게는 용기를 줘서 세상을 밝게 만드는 원동력이 될 수도 있다.

2. 첫 거짓말의 추억

사람이 거짓말을 하는 배경에는 욕구와 충동이 숨겨져 있다. 그래서 교정하지 않으면 성격 장애로 굳어지거나 정신적인 죽음으로 이어질 수 있다. 거짓말을 하는 습성을 고치려면 배경에 숨겨진 욕구를 분석해 해결할 수 있도록 도와야 한다. 사실을 파악하고 당사자가 고백할 때까지 기다리는 것도 한 방법이다.

토끼 한스는 유명해지려는 욕구가 강하다. 한스는 독일의 작가 헬메 하이네가 지은 『슈퍼 토끼』(시공주니어)에 나오는 주인공이다. 그는 특별한 토끼가 되길 원한다. 그래서 물에 뛰어들기도 하고, 나무에서 뛰어내리기도 한다. 그런데 그때마다 운 좋게 살아난다. 토끼 친구들은 그런 일이 우연의 결과였다는 사실을 알지 못한다. 그래서 한스를 정말 특별한 토끼라고 생각하며 흉내를 낸다. 하지만 친구 토끼들은 한스와 달리 물에 빠져 죽기도 하고 목이 부러지기도 한다. 진실을 말하지 않는 한스는, 사실을 알려고 하지 않는 친구들 덕에 특별한 슈퍼 토끼로 자리매김한다. 한스는 의기양양해서 누구나 쉽게 자기를 알아보게 하려고 길쭉한 귀를 묶고 다닌다. 그러나 누구도 한스에게 잘못된 결정을 했다고 말하지 않는다. 여우에게도 귀를 묶은 한스의 모습은 특별해 보인다. 한스는 결국 귀를 묶은 탓에 들을 수 없어서 여우에게 잡아먹힌다. 한스는 자신의 바람대로 눈에 띄는 존재가 되었지만, 여우가 맛본 한스는 보통의 토끼와 다를 바 없는 평범한 맛이었다. 자신의 분수를 모르는 한스의 거짓말은 소통의 부재를 가져오고, 자신을 비참한 최후로 이끈다. 거짓말에 잠식당해 본성을 잃은 한스가 위험에 노출되는 일은 당연해 보인다. 한스의 비극은 여기서 끝나지 않는다. 어리석은 토끼들은 어느 날 홀쩍 사라진 한스가 신기해 그를 기념해 동상을 세운다.

거짓말을 했던 첫 기억을 지금도 또렷하게 기억하고 있다. 500원짜리 동전이 처음 나온 1998년 가을이었다. 나는 누구의 것인지 알면서도 방바닥에 떨어진 동전을 집어 호주머니에 넣고 얼른 나왔다. 그런데 그 500원으로 얻으려 했던 욕구가 무엇이었는지 생각나지는 않지만, 가족 가운데 누구도 돈의 행방을 묻지 않았다. 나는 그 뒤 정직한 사람이 되어야 한다고 스스로에게 강박적으로 주문을 걸었다. 다행히도 한스처럼 되지 않은 이유가 그때 걸은 주문 덕은 아니었을까 하는 생각이 든다. 그리고 잘못을 알고도 스스로 깨달을 때까지 기다려 준, 한스에게는 없고 나에게는 있었던 엄마의 인내가 있었다.

3. 무정란과 유정란

우리 집 마당에는 저마다 사연을 가진 식구가 넷이 산다. 천방지축 에너지 넘치는 강아지 한 마리와 닭 세 마리다. 암탉 별이가 연장(年長)인데, 이제 다섯 살이다. 알에서 깨어나자마자 어미에게 버려진 부실 덩어리를 겨우 살렸다. 어미 품으로 돌려보냈더니 다른 형제들이 쪼아 대는 바람에 부리가 틀어질 만큼 다쳤다. 할 수 없이 집 안에서 몇 주일을 더 키워 마당으로 내보낸 녀석이다. 나중에 다른 닭들은 모두 농장으로 보냈는데, 별이는 막내가 울며불며 부둥켜안고 지킨 덕분에 마당에 남게 되었다.

별이가 어느 날 메추리알만 한 초란을 낳더니, 본격적으로 알을 낳는 암탉으로 자랐다. 봄이 되자 별이는 몇 개 안 되는 알을 품은 채 꼼짝도 하지 않았다. 무정란에서 병아리가 나올 리 없었다. 그런 별이가 안쓰러워 알을 치웠다. 그런데 두리번거리며 찾는 것 같아 미안한 마음이 들었다. 주택가의 마당이라서 수탉은 키울 수 없었다. 시도 때도 없이 "꼬끼오!" 하고 목청을 빼서 온 동네를 공해로 몰아넣기 때문이었다. 알을 치운 지 얼마 지나지 않아 별이가 또 알 두 개를 품었다. 결국 그날 마트에서 유정란 10개를 사다가 백열등으로 덥혀 별이의 품에 넣어 주었다. 별이는 자기 가슴에서 솜털을 뽑아 자리에 깔았다. 그리고 맨살이 알에 닿도록 해서 완전히 앉지도 서지도 않은 채 엉거주춤한 자세로 깃털을 부풀려 알을 품었다. '내가 어미다' 하는 것처럼 연신 "꼭 꼭 꼭 꾸르륵" 소리를 내면서 잠시도 자리를 비우지 않았다. 그리고 병아리 아홉 마리가 알을 깨고 나왔다. 별이가 최소한의 물과 먹이만으로 버티며 둥지를 지킨 지 21일 만의 일이었다. 뽀송뽀송 노랗고 건강한 병아리를 보려고 막내의 친구들이 대문이 닳도록 들락거렸다.

문득 내가 품었던 알들, 별이처럼 미래를 알지 못하고 그 알들에게 정성을 쏟아부었던 순간이 주마등처럼 스쳤다. 수학을 전공하고도 공기업의 기술직 공채로 입사할 수 있었던 일, 학원 선생이 되어 오늘을 사는 일, 항상 그 자리에서 내 편이 되어 주는 남편과 보석 같은 세 딸을 만난 행운, 이 모두가 온전히 나의 노력만으로 이루어졌을까. 맞다, 별이처럼 새로운 역사를 만든 그분이 계셨다. 나를 지극히도 품어 주신 어머니.

4. 코로나와 친정 엄마의 생일

나에게는 세상에서 가장 힘든 일이 거짓말이다. 생각이나 감정이 얼굴에 다 나타나기 때문이다. 조그마한 걱정이 있어도 표정이 달라진다. 웃고 있어도 상대에게 걱정거리를 읽힌다. 남편에게 거짓말을 하면 바로 들통이 나 버려서 다툼의 원인이 되기도 한다. 그런데 거짓말이 서툴러 이익을 보기도 한다.

지난해 친정 어머니 생신 때의 일이다. 연세가 워낙 많으셔서 앞으로 생일을 챙길 수 있는 날이 몇 번이 될까 하는 생각에 우울해졌다. 그래서 되도록 기념일을 꼭 챙기고 싶었다. 하지만 코로나19 때문에 생신을 제대로 챙길 수 있는 상황이 아니었다. 생일이 다가오자 남편은 “어머님 생일은 어떻게 하지?”라고 물었다. 나는 아무렇지 않은 듯 웃으면서 “괜찮아 엄마한테 잘 이야기할게. 엄마도 이번에는 그냥 넘어가자고 하셨어.”라고 대답했다. 남편에게 속마음을 전하고 싶었지만 입이 떨어지지 않았다. 내심으로는 남편이 먼저 어떻게 하자고 이야기해 주길 바라는 마음이 컸다. 그래서 아무 말도 하지 않는 남편이 서운했다.

엄마 생신이 코앞으로 다가왔다. ‘내일이 엄마 생일인데….’ 하는 마음에 속으로 눈물이 났다. 그런데 생일날 아침 남편이 불쑥 “오늘 엄마한테 가서 저녁 먹자.”라고 이야기했다. 그 말을 듣는 순간 너무 반가워 속으로 환호했다. “엄마 생일인데 그냥 지나치면 서운하잖아. 다른 건 못 해 드려도, 가서 얼굴을 뵙고 밥이라도 한끼 먹자.” 나는 어떻게 알았느냐고 물었다. 남편은 손가락으로 자기 얼굴에 점을 찍으면서, 엄마 생일이니 친정에 가자고 당신 얼굴에 이렇게 다 쓰여 있다고 대답했다.

아이들과 나갈 준비를 했다. 마트에 가서 장을 보고 케이크를 사서 친정으로 갔다. 부모님은 우리 가족이 올 거라는 짐작을 못 하셔서 깜짝 선물이 되었다. 준비한 음식을 차려 저녁을 먹은 뒤 케이크에 촛불을 켜고 생일 축하 노래를 합창했다. 아이들이 "할머니, 소원 빌고 세게 '후' 하고 불어."라고 말했다. 엄마는 가만히 소원을 비는 듯하더니 "고맙다."라고 하시면서 눈물을 글썽였다. 나도 눈물이 났다. 앞으로 이런 기념을 몇 번이나 더 할 수 있을까 하는 생각에 더 서러웠다. 결국 속마음을 속이지 못하는 얼굴 표정 때문에 친정 엄마의 생일을 챙길 수 있었다. 하지만 거짓말은 여전히 힘들다. 거짓말을 감추기 위해 또 거짓말을 하고, 표정까지도 관리해야 하니 말이다. 이제 속마음이 시키는 대로 편하게 살아야겠다.

5. 여든까지 하고 싶은 거짓말

초등학교 1학년 때 외할머니 댁에 맡겨져 2년간 할머니와 함께 지낸 적이 있다. 외할머니는 혼자서 작은 식당을 하셨는데 밤이 깊어서야 파김치가 되어 돌아오셨다. 엄마는 나를 맡길 때 자주 보러 오겠다고 약속했다. 하지만 그리움이 목구멍까지 차오를 때쯤에서야 찾아오곤 하셨다. 나는 그렇게 기다림과 두려움, 그리움 속에서 매일을 살아 내야 했다.

2학년이 된 어느 이른 아침에 엄마가 연락도 없이 오셨다. 혹시 나를 데리러 오지 않을까 하는 기대감에 가슴이 두근거렸다. 하지만 엄마는 다른 일 때문에 들르셨다고 했다. 난 엄마가 가 버렸을까 봐 수업 시간 내내 조바심이 났다. 그리고 수업이 끝나자마자 단숨에 할머니 댁으로 바람처럼 내달렸다. 하지만 엄마는 집에 없었다. 나를 보지 않고 가 버린 엄마가 미워서 참았던 울음이 터졌다. 그래도 난 미련이 남아 엄마가 나타나기를 기도했다. 그렇게 한참이 지난 뒤 엄마가 다시 오셨다. 엄마는 내가 제일 좋아하는 젖소가 그려진 밀크 초콜릿을 찾느라 늦었다고 하셨다. 엄마는 퉁퉁 부은 내 눈을 말없이 바라보셨다. 나도 초콜릿을 오독오독 씹으며 엄마를 쳐다봤다. 그렇게 정적이 흐른 뒤 엄마는 오늘 당신을 따라가겠느냐고 물으셨다. "오늘은 안 갈래요. 제가 3학년이 되면 집으로 갈 수 있다고 했으니까 기다릴게요." 따라가고 싶었지만 내 입에서는 속마음과 다른 말이 나왔다. 엄마의 표정이 밝지 않은 데다 따라가면 안 될 것 같은 생각이 들었다. 엄마는 내 말에 안도하는 표정을 지으셨다.

며칠 전 엄마가 당신 옷장에서 겨울 외투를 꺼내 입어 보라고 하셨다. 엄마는 외투를 걸친 내 모습을 보면서 잘 어울린다고 좋아하셨다. 엄마는 몇 년 전에 선물을 받아 한 번 입어 보고 옷장에 보관했던 옷이라며, 당신은 몸에 커서 입지 않는다고 하셨다. 엄마는 마음에 드냐고 물으셨다. 며칠 전에 큰맘 먹고 겨울 외투를 장만했기 때문에 외투가 더 필요하지는 않았다. 하지만 난 오늘도 마음에 든다고 엄마에게 거짓말을 하고 말았다. 지금도 난 엄마에게 불편한 진실보다는 거짓말을 할 때가 많다. 엄마를 기쁘게만 할 수 있다면 여든까지도 거짓말쟁이 딸로 남고 싶다.

노년

1. 무르익을 것이다
2. 놀이로 준비하는 노년
3. 30년 뒤의 나에게 쓰는 편지
4. 화려한 싱글
5. 새치와 주름

1. 무르익을 것이다

며칠 전 친정 엄마의 생신날이었다. 가족 모두 모여 축하하는 자리에서 오랜만에 엄마의 옛날 앨범을 꺼냈다. 작은 앨범은 보물처럼 황금빛 보자기에 싸여 옷장 깊숙한 곳에 자리하고 있었다. 엄마의 어린 시절부터 청소년기를 거쳐 신혼 때로 보이는 사진들이 연대기처럼 정리되어 있었다. 특이하게도 사진을 앨범에 풀로 붙이는 형태였다. 앨범을 한 장 한 장 넘기는데, 사진 하나가 눈에 들어왔다. 내가 옛날 옷을 입고 그 시절로 돌아가 있는 듯했다. 함께 보던 딸이 엄마랑 똑같다며 나보다 더 신기해했다. 나도 사진 한 번 엄마 얼굴 한 번 번갈아 바라보았다. 순간 40년 뒤의 내 모습이 지금 엄마의 모습이 아닐까 하는 생각이 들었다.

언니들도 나이가 들면서 부쩍 외모와 목소리까지 엄마를 닮아갔다. 유전자의 힘이 참으로 위대하다는 생각을 하며 지나온 시간을 되짚어 보았다. 10대에는 엄마와 언니들의 간섭이 싫어 빨리 지나갔으면 하는 마음으로 보냈다. 20대에는 미래에 대한 막연한 불안과 세기말적 감성에 젖어 흘려보냈다. 그리고 친구의 숫자에 연연하며 휴대 전화에 저장된 번호를 늘리는 데 집중했다. 30대에는 최영미 시인의 '서른 잔치는 끝났다'는 시를 읊으며, 잃어버린 20대를 아쉬워했다.

그래도 나의 화양연화는 30대였다. 30대가 되면서 20대보다 오히려 새로운 일에 많이 도전했다. 회사원에서 학원 강사로 직업도 바꾸고, 이것저것 배우면서 탐색전을 벌였다. 그리고 친구의 수도 줄여 나갔다. 그러면서 절친도 발견하고 결혼도 하고 아이도 낳았다. 40대에는 아이를 키우느라 정신이 없었다. 아이를 초등학교에 보내면서 나는 다시 초등학생이 되었고, 지금은 아이를 따라 중학생이 되었다. 아이를 키우면서 어려운 일이 있을 때마다 엄마를 떠올렸다. 그러면서 내 모습을 비교해 보는데, 옛날에 엄마에게 서운했던 감정을 조금씩 이해할 수 있었다. 초등학교 때 나이키 브랜드가 상륙했다. 너무 비싸 한 반에 한두 명밖에 신는 아이가 없었다. 나이키가 신고 싶어 엄마를 졸랐지만 소용이 없었다. 그때 우리 집은 대학생 딸 셋에 고등학생 딸이 둘이나 되어 여유가 없었다. 하지만 난 어린 마음에 서운한 표시를 서슴없이 했다. 그때 엄마의 마음이 어땠을지 지금 돌아보면 철없던 내가 미워지기도 한다.

지금 나는 점점 엄마를 닮아가는 내 모습을 바라보고 있다. 노년기의 내 모습을 정색하고 생각해 보지는 않았다. 그런데 10년 전 친구와 나눈 대화가 생각났다. 친구에게 "너는 10년 뒤에 어떤 모습일 것 같으니?" 하고 물어봤다. 그 친구는 "지금처럼 똑같지 않을까." 하고 대답했다. 그때나 지금이나 나이 10년이 더해지고 자식이 성장한 것 빼고는 삶의 틀이 크게 바뀌지는 않았다. 결국 70대가 되어도 내 생각이나 모습은 크게 바뀌지 않고 엄마를 닮아갈 것 같다. 조금 더 나이가 들면 친구와 함께 작은 도전을 하면서, 늙는 것이 아니라 엄마처럼 무르익을 것이다.

2. 놀이로 준비하는 노년

"현재의 시간과 과거의 시간은 거의 모두가 미래의 시간 속에 있고, 미래의 시간은 과거의 시간에 들어 있다."

영국 작가 토머스 엘리엇(1888~1965)의 '네 개의 사중주' 시 구절이다. 2013년 개봉된 미국 영화 '마지막 사중주'(감독 야론 질버맨)에서 첼리스트인 피터 교수가 학생들에게 읊은 대목이기도 하다. 인류는 지금 평균 수명 120세를 바라보는 시대에 산다. 의료 기술이 연장해 준 것은 긴 수명뿐 아니라 더 길어진 노년이다. 노년을 어떻게 살아야 할지 고민도 되고 불안하기조차 하다. 노년은 약속되어 있지만 살아 보지 않은 미지의 시간이기 때문이다. 하지만 엘리엇의 시에서 힌트를 얻을 수 있다.

20대는 종교에 귀의할 생각까지 할 만큼 고민과 슬픔의 역사였다. 30대에는 늦깎이 공부를 시작했다. 학업에만 전념했던 건 아니다. 정확하게는 공부 반 놀기 반이었다. 노는 시간은 내 의지와 상관없이 다가왔다. 음악회를 따라다니고 미술 전시장에 불려다녔다. 계절 따라 산으로 들로 나들이도 해야 했다. 특히 그림 전시장은 학부 학생 때도 주말이면 어김없이 찾던 곳이다. 대학원 공부를 늦깎이로 시작하면서부터는 그림으로 심리학을 이해하는 공부가 필요해 전시장을 자주 찾기도 했다. 공부하는 곳이 놀이터가 되어서 무료 봉사나 유료 봉사로 일하기도 했다. 이런 경험이 심리학을 이해하는 데 도움이 되었다.

나의 삶에서 20대의 슬픔은 30대에 심리학 공부로 이끄는 계기가 되었다. 40대에는 사람을 이해하는 일로 인도해 20년째 일하고 있다. 치열하게 공부해도 일자리가 불안한 요즘, 젊은이들에

비하면 적은 노력으로 지금까지 버티고 있으니 성공한 듯하다. 중요한 점은 만족스러운 중년을 보내고 있다는 사실이다. 그리고 엘리엇이 읊은 '미래의 시간은 과거에 들어 있다'는 의미를 조금은 알 것 같다. 지금의 노년 준비는 읽고 쓰는 놀이를 보태는 중이다. 노년을 놀이로 준비하는 나를 스스로 응원해 본다.

3. 30년 뒤의 나에게 쓰는 편지

30년 뒤의 너는 81세의 할머니야. 30년을 어떻게 보냈을지 궁금하고 설렌다. 가장 큰 걱정은 건강이야. 잘 보고, 잘 듣고, 잘 기억하고, 잘 걷는 거지? 지금도 종종 깜박깜박하는데, 뇌에 좋은 음식이라도 많이 먹어야 할 거야. 지금 다이어트의 열정은 있지만 정작 자신을 관리하는 데는 게으름을 피우고 있잖니. 너를 생각하면 오늘부터라도 당장 뛰고 싶다. 얼마 전 시작한 필라테스도 꾸준히 해서 30년 뒤의 네가 꼿꼿한 자세를 유지할 수 있기를 바라는 마음 간절해.

남편과 손을 잡고 아침 산책 정도는 할 수 있어야겠지. 결혼식을 앞두고 남편과 약속했잖니. 노년에는 아름답게 빛나는 백발을 늘어뜨린 채 손을 꼭 붙잡고 여행을 다니자고 말이야. 지금은 각자의 일에 바쁘기도 하지만 코로나로 꼼짝 못하는 상황이어서 그때도 내 편으로 남아 있을지 은근히 걱정도 되지만 말이야. 평생 함께한 남편이니까 그때도 내 편을 만들려면 가끔이라도 밉다고 구박하지 말고 잘해 줘야겠다고 다짐해.

딸들은 지금의 내 나이가 되어 있고 철부지 막내는 마흔두 살이 되겠네. 딸만 있어서 심술궂은 시어머니 노릇은 할 수 없겠지만, 그렇다고 주책없는 장모 노릇을 하는 건 아니겠지. 딸들도 내가 그랬듯 아이를 키우며 좌충우돌할지도 몰라. 아무리 정보가 넘쳐나도 아이를 키우면서 거울처럼 자신을 닮는 의식은 지금이나 그때나 다르지 않을 거야. 그때 딸들은 지금의 나를 어떻게 생각할지. 모두 자신이 하고 싶은 일을 찾아 행복하게 살 거야. 딸들의 성장기를 함께한 때가 나에게는 선물 같은 시간이었어. 생각해 보면 잠시 그들의 울타리 노릇을 한 것뿐인데, 내 소유처럼 마음대로 하려고 든 건 아닌지 돌아보게 되네. 손주들과는 자주 얼굴을 볼 거야. 용돈 주는 데 인색하지 않은 할머니가 최고라는 사실을 명심해. 그리고 잔소리는 아끼고 유머와 위트가 넘치는 할머니이기를 기대해.

하루를 어떻게 지내는지도 묻고 싶어. 지금만큼은 아니겠지만 뭔가를 배우고, 가르치고 글쓰기도 꾸준히 해야지. 모임도 자주 나가고 친구도 많은 할머니가 되었으면 좋겠어. 꼰대처럼 우기고 가르치려고 드는 할망구의 모습은 싫어. 누구의 말이나 잘 들어 주고 공감하는 따뜻한 할머니는 어떨까. 함께 있으면 절로 닮고 싶고, 아이들도 다가와 유쾌하게 말을 걸어 줄 만큼 온화하고 지적으로 늙은 할머니 말이야. 약속할게, 그런 내가 되기 위해 오늘을 더 열심히 닦겠다고. 그리고 60부터는 이웃과 나누며 살기로 했잖아. 그때도 여전히 어려운 이웃을 돕고 있을 거야. 그래서 지금도 경험과 지혜는 물론 물질도 아끼지 않고 나누면서 충만한 삶을 살기 위해 노력하고 있어. 과거를 후회하거나 추억하면서 살지 말 것이며, 매일 충실하고 감사하면서 살기를 바랄게.

4. 화려한 싱글

65세 이상 노인 열 명 가운데 둘은 싱글이라고 한다. 노인 싱글 시대가 도래한 것이다. 요즘 노인은 황혼 이혼이 늘었고, 배우자와 사별해도 재혼하지 않는다. 자녀가 있어도 독립을 선택한다. 복잡하게 얽혀 사는 게 싫고, 자녀와 떨어져 산 시간도 많아 함께 하면 갈등이 불 보듯 뻔하기 때문일 것이다.

노년에는 혼자 살더라도 허무하게 고독사하지 않으려면 이웃과의 소통이 중요하다. 그래서 나는 봉사하는 삶을 계획하고 있다. 그동안 사회가 일할 수 있게 해 주었으니 환원하려는 것이다. 젊었을 때 하던 대로 지역아동센터 같은 곳에서 가르치는 일을 계속하고 싶다. 이 일을 하려면 사회복지사 자격증이 필요하다. 내년에는 자격증 공부를 시작할 것이다. 취미 생활도 필요하다. 그림을 배워 미니 전시회를 열고 싶다. 초등학교 때부터 다니고 싶은 학원이 있었다. 미술 학원이다. 그림에 소질이 없어 미술 시간에 할 수 있는 일이 별로 없었다. 그림을 잘 그리는 친구들이 부러웠고, 그럴수록 내 마음의 멍도 짙어졌다. 어른이 되어서는 이루지 못한 것에 대한 미련이 남아 미술을 배우고 싶은 생각이 더욱 간절해졌다. 그래서 디자인 학원을 살펴본 적도 있지만, 내가 할 수 있는 일이 아니어서 포기하고 말았다. 하지만 이제 생각해 둔 전시 장소도 있으니 포기하지 않을 것이다. 열심히 살아온 나에게 여행이라는 보상도 해 주련다. 터키의 성 소피아 성당은 여행지 버킷 리스트 1호다. TV에서 본 성당의 돔 모양 천장은 자연조명으로 공중에 떠 있는 것처럼 보였다. 성당 앞에 서면 '와!' 하는 탄성을 목청껏 질러 볼 테다.

노후에 싱글로 지내는 일은 이제 우리 시대의 숙명일지도 모른다. 하지만 고립되어 고독하게 지내는 일은 죄악이다. 혼자 살아도 소통하고 내 존재의 가치를 실현하면서 살고 싶다.

5. 새치와 주름

남편은 중학생 때부터 새치가 생기는 바람에 흰머리가 많이 나도 덤덤하게 받아들였다. 2년 전부터는 염색을 접고 은발로 지낸다. 그런데 며칠 전 거울 속 내 머리에서 흰 머리카락을 발견했다. 지금은 몇 올 안 되지만 시간이 갈수록 남편처럼 늘어날 것이다. 그리고 어느 날 갑자기 백발이 소리도 없이 찾아올 것이다. 서글펐다. 게다가 노후 준비가 하나도 안 되어 덜컥 겁도 났다.

남들은 노후 준비라고 하면 연금을 먼저 떠올릴 만큼 경제적 대비가 우선이다. 그런데 나는 어떤 일을 하면서 살지가 더 걱정이다. 주변에 남편이 공무원 생활을 하다가 퇴직한 뒤 연금을 받으며 여유롭게 사는 사람이 있다. 처음엔 남편이 하루 종일 집에 있어도 문제가 없었다. 하지만 몇 개월이 지나면서부터 간섭이 잦아지고 마찰이 생겼다. 자신도 은퇴할 때가 되어 일을 그만두고 싶었는데, 남편과 하루 종일 붙어 있을 생각을 하니 스트레스가 쌓였다. 그래서 새로운 일을 알아보는 중이라고 했다.

나이가 들어서 하는 생계 걱정도 슬프지만, 경제적으로 여유가 있다고 할 일 없이 지내는 삶은 더 슬플 것이라는 생각이 들었다. 나는 특히 아버지를 보면서 그 사실을 절감했다. 아버지는 얼마 전 평생 하시던 장사를 접으시고 우울해하셨다. 그러다 어린이집의 차량을 운전하시면서 활기를 되찾았다. 돌아보면 나이가 들어도 일하고 싶은 욕구는 본능인지도 모르겠다. 일하면서 자신의 존재를 확인하고, 성취감을 맛볼 수 있기 때문이다. 그러니 앞으로는 노후 준비 목록에 어떤 일을 하면서 지낼지도 포함시켜야 할 것 같다.

20년 뒤의 내 모습을 상상하는데, 가장 먼저 떠오르는 분이 있었다. 그분은 논술의 진정한 의미를 일깨워 주셨다. 이순을 넘겼지만 전혀 그렇게 보이지 않는다. 건강을 지키기 위해 달리기를 꾸준히 하고, 하는 일도 동종 업계에서 비교가 안 될 만큼 독보적이다. 더 중요한 사실은 지금 하는 일로 충분히 세상을 이롭게 한다는 점이다. 세상을 이롭게 하려는 마음을 본받아 나도 그럴 수 있으면 좋겠다. 지금은 꿈에 불과하지만 언젠가는 비영리 독서 학교를 세워 아이들에게 행복한 공간을 마련해 주고 싶다.

노후를 위해 무엇보다 중요한 대비는 건강이다. 건강하지 않으면 삶의 질도 떨어지고 원하는 일도 할 수 없다. 나의 롤 모델이 열심히 달리는 이유를 충분히 이해할 수 있는 대목이다. 나도 건강을 지키기 위해 꾸준히 운동하고, 남편이 원하는 테니스도 배울 생각이다. 그래서 그분의 삶과 열정, 그리고 지식의 깊이를 넘어선 지혜를 온전히 배워 내 삶에 나만의 향기로 가득 채워 볼 계획이다. 내가 꿈꾸는 노년기는 건강하며, 세상을 이롭게 하는 일을 하고, 아름답게 나이들어 가는 삶이다. 이젠 흰머리에 주름이 늘어난 나를 상상해도 받아들일 수 있을 것 같다.

Reading
time

용서

1. 자기 용서

“선생님 아이를 챙기는 거 다 좋아요. 하지만 다른 선생님들한테는 피해를 주지 말아야지요.”

같은 성당에서 봉사하는 동료 주일학교 교사가 얼마 전 통화할 때 툭 던진 말이다. 그 말을 듣는 순간 생각이 멈췄다. ‘어떻게 나한테 이런 말을 할 수 있지. 자기가 내 입장이었다면 아이를 챙기지 않았을까. 없는 시간을 쪼개 다른 사람들이 귀찮아하는 일도 마다않고 밤을 새면서 하는 성격인데….’

동료 교사의 말을 듣고 이러한 분노의 감정이 치솟을 줄 알았다. 하지만 땅으로 꺼지는 느낌이 들었다. 교사 활동을 제대로 하지 않는다면서 다른 교사를 나무라던 내 모습이 떠올랐기 때문이다. 나는 오랫동안 성당에서 주일학교 교사로 봉사를 하고 있다. 주일학교 교사는 미사를 올리기 한 시간 전에 성당에 도착해 아이들을 맞아야 한다. 그런데 그날따라 성당에 가지 않으려는 딸을 설득하다가 시간이 늦어졌다. 그래서 동료 교사에게 전화를 걸어 사정을 이야기한 것이다.

그날 이후 그 교사의 말은 집요하게 내 머리에서 맴돌며 생활이 어려울 만큼 고통을 주었다. 괴로움에서 해방되려면 스스로 잘못을 깨닫고 죄책감에서 오는 고통을 순순히 받아들어야만 한다. 하지만 사람들은 저마다 자기 신념을 가지고 산다. 어떤 사람은 신념이 자신의 세포 하나하나를 지배할 만큼 강력하다. 그러다 나처럼 사소한 일에서 자기 신념이 와장창 깨지는 순간 수많은 파편을 맞으며 자신의 본모습을 보게 된다. 파편을 맞으면 그 고통이 얼마나 치욕적이고 쓰라린지 모른다.

이때 자기 용서가 없으면 분노의 화살이 상대에게 향하면서 괴로움이 증폭되고 결국에는 복수의 칼날을 갈게 된다. 그러면 관계망이 단절되어 더욱 고립되고 만다. 그렇다고 언제까지나 외딴섬에 홀로 살 수는 없다. 사람은 그만큼 불완전하기 때문이다. 가족 외에 친구도 사귀고 직장에서 동료들을 만나 관계를 맺으며 지내는 이유가 여기에 있다. 관계를 맺다 보면 이익이 충돌하거나 질투심이 생겨 다른 사람들과 상처를 주고받기도 한다. 따라서 겸손함과 용기, 자기애를 가지고 자신을 성찰하면서 잘못을 인정할 수 있어야 한다. 진정으로 잘못을 뉘우쳐야 비로소 자신의 본모습을 보고, 그런 자신을 용서하면서 남도 용서할 수 있다.

프랑스의 철학자 자크 데리다(1930~2004)는 "한편으로 나는 나를 결코 용서하지 못한다. 그런데 또 다른 한편으로는 나를 언제나 용서한다."라고 말했다. 사람의 안에는 상반된 자신이 있다는 말이다. 따라서 자신을 알고 포용하면서 세상과의 관계에서 편안함을 느낄 때 진정한 자기 용서가 이루어지고, 다른 사람과의 관계 맺기가 시작된다.

2. 용서의 주체

신애는 아들을 죽인 살인자를 신앙의 힘으로 용서하겠다고 마음먹고 교도소를 찾는다. 그런데 살인자는 교도소에서 하느님을 믿고 죄를 용서받았다면서 평안한 표정을 짓는다. 신애는 피해자의 엄마가 용서하지 않았는데, 아들을 죽인 살인자가 아무런 고통도 없이 하느님께 이미 용서를 받았다는 사실에 혼란해진다. 신애는 내가 아직 용서를 안 했는데, 누가 용서를 하느냐며 오열한다. 신애의 진짜 고통은 이때부터 시작된다. 신애는 자신이 용서하지 않은 살인자를 용서한 신을 향해 복수하는 인간의 삶을 살겠다며 절규한다. 2007년 개봉된 이창동 감독의 영화 '밀양'의 이야기다.

'밀양'은 용서의 주체가 누가 되어야 하며, 용서 받을 자격은 무엇인가를 묻는다. 그런데 현실에서 피해자에게 용서를 받지 않은 채 신에게 용서를 빌고 구원을 얻었다면, 자기 마음만 편안하자는 이기적 행태이다. 또 피해자를 다시 한 번 가해하는 범죄이다. 죄를 지었으면 벌을 받아 그만큼 육체적으로 고통을 당하는 것이 당연한 이치이기 때문이다. 벌도 중요하지만, 피해자에게 미안한 마음에서 우러나오는 죄책감도 느껴야 한다. 따라서 현실에서는 가해자가 죄책감을 느끼고 피해자에게 먼저 용서를 받은 다음에 신에게 용서를 구해야 한다.

피해자의 용서도 강요할 수는 없다. 가해자가 사과했다고 꼭 용서할 의무도 없고, 사과를 받지 않았어도 용서할 수 있다. 용서는 피해자가 가해자에게 새로운 삶의 기회를 열어 주는 관용의 표시다. 가해와 피해라는 복수의 악순환을 끊는 결단이기도 하다. 제

3자가 할 수 있는 일은 피해자 스스로 상처를 극복할 수 있도록 위로하는 일이다. 용서는 사과가 있다면 더 빛나고, 사과도 용서를 통해 완성된다. 사과와 용서가 함께 있다면 피해를 치료하고 고통에서 벗어나도록 하는 약이 된다. 사람은 살면서 실수하고 타인에게 손해를 끼치게 마련이다. 진정한 사과와 용서 그리고 위로가 넘친다면 더불어 살기에 좋은 세상이 오지 않을까.

3. 50년 걸린 용서

로즈먼드의 엄마는 젊은 나이에 딸 로즈먼드를 낳다가 숨졌다. 로즈먼드의 아버지 시미언 피즈 체니는 사제인데, 아내를 한시도 잊지 못하면서 로즈먼드를 키웠다. 시미언은 로즈먼드가 성인이 되자 갑자기 집에서 나가라고 요구했다. 로즈먼드는 집을 나와 오랫동안 혼자 생활하다 다시 집으로 돌아갔다. 하지만 시미언은 여전히 냉담했다. 로즈먼드는 변하지 않는 아버지를 향해 화를 내듯 그동안의 감정을 담아 소리쳤다. "아빠, 저도 좀 봐 주세요. 제 눈에 눈물이 흥건하잖아요! 저는 바짝 마른 작은 뿌리였어요. 저는 아버지라는 한 남자의 무관심으로 물기가 말라버린 작은 뿌리라고요." 프랑스의 작가 파스칼 끼냐르(1948~)가 지은 희곡 『우리가 사랑했던 정원에서』의 줄거리다.

로즈먼드의 대사는 아버지의 부재를 경험하는 여성의 심리적 어려움을 대변한다. 더 이상 성장할 수 없는 상태다. 로즈먼드는 내 모습이기도 했다. '빨간 기와집 딸' 동네 아이들에겐 부러움의 대상이었다. 하지만 동네 어른이나 친척들에게는 안쓰러운 존재였다. 아버지가 계실 때는 따스했지만 안 계시면 냉담했다. 나는 그 바람에 세상에서 가장 불쌍한 아이가 되어 버렸다. 아버지의 부재로 받는 이중적인 눈길은, 상처에 소금을 뿌린 것처럼 쓰리고 아팠다. 아버지를 미워하는 마음이 점점 커졌다. 그럴수록 나를 미워하는 마음도 커졌다. 그렇게 시멘트처럼 마음이 굳어지면서 성장도 변화도 멈췄다.

나는 유년기와 청소년기를 아버지라는 물기가 없어 '바짝 마른 작은 뿌리'처럼 살아야 했다. 그리고 성인이 되어 결혼을 하고 나서야 한 사람으로 아버지를 이해하려고 노력했다. 그러자 아버지가 '이해하려고 하면 이해할 수 있는 사람'으로 변하기 시작했다. 고모를 통해 "선영아, 보고 싶다."라는 아버지의 마지막 말씀을 전해 들었다. 내 마음에서 아버지를 용서하고 떠나보내는 데 50여 년이 걸렸다. 그리고 빨간 기와집의 병약한 아이도 용서했다.

4. 용서와 바꾼 자존심

대학 때 친구 지영이는 붙임성이 좋아 누구든지 쉽게 친구가 되었다. 나와 반대여서 가끔씩 티격태격하기도 했다. 하지만 지영이 덕에 학교생활이 즐거웠다. 졸업한 뒤에는 각자 생활이 바빠져 전화로 이따금 안부를 물을 정도가 되었다. 결혼한 뒤에는 가물에 콩 나듯 연락을 주고받았다. 그러다 지영이가 다니던 직장을 그만두고 어머니가 하시는 일을 대신한다고 했다. 그때는 흘려들었는데, 나중에서야 어머니가 암에 걸려 지영이가 홀로 병원비를 감당한다는 사실을 알았다. 그런데 이번에는 아버지도 암에 걸리셨다고 전했다. 지영이는 감당하기 어려운 상황을 담담하게 말했다. 그러면서 장례를 치를 때 올 사람이 별로 없으니 와 달라는 말을 했다. 나는 꼭 가겠노라고 약속했다.

우리는 얼마 뒤 사소한 일로 다투게 되었다. 그때 지영이는 분노를 폭발하며 절교를 선언했다. 나도 화가 나서 그러자고 쏘아붙였다. 지영이가 먼저 연락할 거라 믿었지만 전화는 울리지 않았다. 내가 먼저 전화를 해도 되는데 자존심 때문에 그러지 못했다. 몇 달이 지나고 추석 전날이었다. 다른 친구가 지영이의 어머니가 돌아가셨다며 함께 문상을 가자고 했다. 순간 마음이 내려앉았다. 어머니의 부고 소식도 충격이었지만, 심하게 다툰 일이 떠올랐기 때문이다. 그래서 그 친구에게 시댁을 핑계 대고 혼자 가라고 했다. 사실 명절에 가족들이 모여 즐겁게 지내는데, 부고 소식을 전하기가 찝찝했다. 엄밀히 말하면 지영이를 만나기가 두려운 마음이 더 컸다. 지영이가 그렇게 화를 낸 적이 없었으니 얼굴을 볼 자신이 없었던 것이다. 그리고 나도 화가 많이 났음을 전하고 싶었다.

지영이가 연락해 주길 바랐지만 끝내 소식이 없었다. 장례식 때 올 사람이 별로 없으니 꼭 오라던 지영이의 말이 지금도 뇌리에서 떠나지 않고 있다. 지영이는 전화번호를 바꾸고 연락을 끊어 버렸다. 다른 친구들에게 지영이의 소식을 물었지만 아는 사람이 없었다. 친구들은 지영이가 왜 그러는지 알 수 없다고 했다. 하지만 나는 지영이가 꽁꽁 숨어 버린 까닭을 알 것 같았다. 그래서 지영이에게 용서를 빌려고 이메일 주소를 찾아 안부를 전했지만 답이 없었다. 그 뒤로 한참이나 지영이를 찾으려고 길을 가다가 두리번거리는 버릇이 생겼다. 지영이를 만나면 꼭 전하고 싶은 말이 있다.

'지영아, 힘든 너를 외면해서 정말 미안해, 용서해 줘!'

5. 다이어트로 한 복수

9년 전 둘째를 낳고 몸조리를 하고 있을 때였다. 고등학교 동창인 미자가 자기 딸을 포함해 6세 아이들을 모아 놨으니 그림책 수업을 해 달라고 연락이 왔다. 나는 몸을 추스를 새도 없이 일주일에 한 번씩 아이들을 지도했다. 그리고 아이들이 초등학교에 입학할 만큼 시간이 흐른 어느 날, 수업을 마치고 돌아오는데 미자에게 전화가 걸려 왔다. 미자는 함께 수업하는 엄마들이 프랜차이즈 논술을 원한다면서, 자신은 수업에 불만이 없는데 다른 엄마들이 불만족해한다는 말도 전했다.

무슨 불만이 있는지 궁금해 뜬눈으로 지샌 뒤, 날이 밝자마자 득달같이 친하게 지내는 학부모에게 연락했다. 그런데 그 엄마는 미자가 먼저 수업에 불만을 터뜨리면서 다른 논술로 옮기자는 제안을 했다고 말했다. 전화를 끊고 나자 머리가 더 복잡해졌다. 다른 사람도 아닌 친구에게 뒤통수를 맞았다는 배신감 때문이었다. 사실이 믿기지 않아 다른 학부모에게도 연락했더니 미자의 거짓말이 확실했다. 나는 미자에게 수업을 바꾸고 싶으면 솔직하게 말하지 그랬냐며 따졌다. 그런데 미자는 자기를 믿지 못해 다른 엄마들에게 확인한 거냐며 도리어 노발대발했다. 미자는 다른 엄마들의 말은 틀리고 자기 말이 맞다면서, CCTV가 있다면 보여 주고 싶다고 했다. 나는 자존심이 상해 미자에게 서운한 점을 조목조목 따졌다. 미자는 "네가 실력이 부족해 그런 거라고 생각은 안 해? 난 잘못 없으니까 그렇게 말한 엄마들이랑 삼자대면이라도 해 보자고!"라며 막말을 서슴지 않았다.

사달이 난 뒤 미자만 생각만 하면 자다가도 벌떡 일어날 만큼

분이 풀리지 않았다. 사람들이 화병에 걸린다는 말을 그제야 알 수 있었다. 그런데 시간이 지나면서 미자를 미워하는 마음이 커질수록 내 마음이 지옥 같다는 사실을 깨달았다. 그러면서 미자에게 품은 분노를 서서히 놓게 되었다. 미자를 용서했다고 생각하며 지내던 어느 날, 차에서 신호 대기를 하다가 건널목을 건너는 미자를 보게 되었다. 순간 배신의 기억이 떠올랐고 복수를 해야겠다는 생각이 스쳤다. 내 복수는 미자보다 날씬해지는 것이었다. 과거에 미자와 난 임신과 출산을 겪으며 뚱보 타이틀을 얻었다. 그리고 배신자는 여전히 뚱보였으니 다행이라고 쾌재를 불렀다.

지난해 4월 시작한 인생 첫 다이어트를 성공해 체중계 바늘이 꽤 내려갔다. 사람들도 보기만 하면 전보다 건강해졌다며 한마디씩 해 주었다. 얼마 전 아이들의 운동화를 사러 백화점에 갔다가 우연히 미자를 봤다. 미자의 살은 여전했다. 미자에게 난 예전의 내 몸이 아닌데 넌 여전하다며 한방 날려 주고 싶은 마음이 굴뚝같았다. 하지만 어떻게든 미자와 섞이는 게 싫어 알은체하고 싶은 마음을 꾸~욱 눌렀다. 미자 모르게 혼자 맘으로 하는 복수였지만, 십 년 묵은 체증이 쑥 내려간 것처럼 시원했다.

6. 그리움

아버지는 초등학교 6학년 때 돌아가셨다. 키가 아주 크고 무뚝뚝하셨다. 우리 집은 서울이었다. 그런데 연고가 없는 강원도 두촌에서 양조업을 시작하셨다. 친구의 권유 때문이었다. 부모님은 나와 언니들을 남기고 가셨다. 자식들의 교육을 서울에서 시키고 싶으셨던 거였다. 엄마는 두촌과 서울을 오가시며 아버지와 우리들의 뒷바라지를 하셨다.

아버지의 사업은 번창했다. 하지만 몇 년 뒤 병을 얻어 사업을 접고 서울로 오셨다. 당장에 돌아가시는 병은 아니었다. 시간이 갈수록 요양을 해야 할 만큼 많이 야위었다. 그때 나는 초등학교 4학년이었다. 처음엔 엄마 아빠가 모두 집에 계셔서 마냥 좋았다. 그렇게 1년이 지나고 5학년으로 진급했다. 그때는 학기 초에 가정환경 조사를 했다. 필수 항목이 부모님의 직업이었다. 아버지의 직업란에 무직이라고 채웠다. 무직이라고 쓸 때 짝꿍이 보지 못하도록 나도 모르게 팔로 가렸다. 어린 마음에 직장이 없이 집에만 계신 아버지가 부끄러웠다.

학년이 새로 시작되고 수업이 파한 따뜻한 봄날 오후였다. 집에 가려고 친구들과 교문 밖으로 몰려 나왔다. 횡단보도에서 신호를 기다렸다. 신호등 아래에 낯익은 모습이 보였다. 아버지였다. 심장이 '쿵' 하고 내려앉았다. 반사적으로 친구들을 이끌고 아랫길에 있는 문방구로 달려갔다. 그 시간에 길 건너에 서 계신 아버지가 초라해 보여서 싫었다. 아버지께서 그때 나를 보셨는지는 모른다. 문방구에 들어서는데, 갑자기 아버지에게 가 봐야 한다는 생각이 소용돌이쳤다. 친구들에게는 학교에 두고 온 것이 있다며 둘러댔다. 미친 듯이 아버지가 서 계시던 곳으로 달려갔다. 아버지의 모습은 보이지 않았다. 다시 뒷산과 연결된 위쪽 길로 뛰었다. 아버지의 뒷모습이 들어왔다. 그런데 그 뒷모습이 너무나 슬퍼보였다. 난 '아빠!' 하면서 달려갔다. 뒷산에서 약수도 긷고 잠자리도 잡고 즐거운 하루를 보냈다. 아버지는 1년 뒤 돌아가셨다.

세월이 흘러 결혼도 하고 아이도 낳았다. 가끔씩 아버지 꿈도 꾼다. 그날처럼 아버지는 멀리 서 계신다. 그날처럼 아버지를 크게 부른다. 아버지는 여전히 돌아보지 않고 걸어가신다. 그런 날 아침이면 목이 아프다. 그때 겪은 나만의 사건은 나도 모르게 가시처럼 마음속 깊이 박혔다. 그리고 언제든 튀어나와 나를 찔러댔다.

이제 나도 아버지의 나이가 되었다. 어느 날 '용서'를 주제로 글을 고민하다가 그 꿈을 다시 꾸었다. 꿈에 나타난 아버지는 그때처럼 멀리 계셨다. 이번에는 나를 보시고 싱긋 웃으셨다. 그러고는 뒤돌아서 하얗게 이어진 길을 걸어가셨다. 나는 더 이상 아버지를 부르지 않았다. 그리고 손을 흔들며 뒷모습이 보이지 않을 때까지 아버지를 지켜보았다. 다음 날 아침에 목이 아프지 않았다.

그 뒤부터는 아버지가 사무치게 보고 싶어졌다. 돌아보면 그때 꿈은 죄책감 때문이 아니었다. 아버지를 향한 사무치는 그리움 때문이었다. 그래, 맞다. 나는 아버지를 떠나보내지 못하고 마음에 품은 채 지낸 것이다. 이제 어린 시절의 나를 용서했다. 찬바람이 부는 퇴근길에 목을 움츠리며 걸음을 재촉하는 지금, 아버지의 따뜻한 손이 그리워진다.

욕심

1. 복어 파마
2. 미니멀 라이프
3. 삶의 원동력
4. 결핍
5. 명품 백
6. 게으른 완벽주의자
7. 엄마의 과자
8. 햄스터와 나
9. 한우와 딸기

1. 복어 파마

'40% 세일' 문구가 눈에 확 들어와 기어코 미용실의 문턱을 다시 넘고야 말았다. 과거 공포 수준의 파마 값이 멍자국처럼 남아 있었지만, 절반 수준이라면 넘을 만하다고 생각했다. 5년 전에 이 프랜차이즈 미용실을 들렀다가 낭패를 당한 적이 있었다. 아무리 유명세가 있다고 쳐도, 가격이 너무 부담스러우니 뒤도 돌아보지 않고 발길을 끊을 수밖에 없었다. 실장 미용사는 태블릿을 가져와 친절하게 설명하면서, 자연스러움을 원하면 머리 위는 매직 파마가 좋겠다고 권했다. 아래는 살짝 볼륨이 들어간 디지털 C컬 파마를, 앞머리는 롤 파마로 하잖다. 거기에 나처럼 부스스한 머릿결에는 영양을 반드시 추가해야 한다고 열을 올렸다. 그러면서 가격이 부담스럽지 않으면 세 번은 더 해야 한다고 덧붙였다. 이번에는 꼭 해야 한다는 압력처럼 전해졌다. 잠시 고민하다 영양 관리를 선택했다.

정신과 전문의 최병건은 자신이 지은 『당신은 마음에게 속고 있다』에서 이렇게 말했다. "이발소에 비하면 미용실은 모든 면에서 과잉이다. 머리만 자르면 되는데 호사를 누리게 되어 불편하다. 혜택이 내키지 않아도 차를 마시고 잡지를 읽게 되는데, 특히 잡지가 문제다. 옷과 시계, 자동차, 골프 광고로 가득한 잡지 말이다. 남성 잡지에 등장하는 모델의 표정과 근육을 보면 복어가 생각난다. 노동이나 기술의 연마로 생긴 근육이 아니라 할 줄 아는 건 없이 부풀기만 한 근육을 보면 복어가 연상된다." 복어는 배를 부풀려 센 척한다. 부풀려진 배만큼이나 큰 자신의 공포를 숨기고 허세를 부린다. 너무 부풀린 나머지 배가 터진 복어도 있다.

나는 배가 터질 만큼 부풀려지는 줄을 의식하지도 못한 채 과잉 서비스를 만끽했다. 미용실에서 커피 전문점 수준의 맛이 나는 아메리카노에 비스킷을 곁들여 서비스로 마셨다. 태블릿도 사용하고, 잡지와 함께 적당한 두께의 쿠션도 필요한 시기에 얻었다. 잡지에는 예쁘고 마른 몸매를 한 모델들이 세련된 자태로 나타나 보기만 해도 흐뭇했다. 파마 약과 중화제를 바르고 영양 관리를 하는 틈틈이 샴푸에 두피 마사지도 받았다. 장장 5시간에 걸쳐 실장의 전문가적 솜씨로 내 머리 스타일이 다시 태어났다.

최병건은 또 "현대 자본주의가 사람들의 지갑을 열게 하는 비결은 부러움을 유발하기보다는 노골적인 협박을 통해 수치심을 자극하는 것이다."라고 밝혔다. 그는 부러움을 자극하는 수법은 이전보다 더 악랄해졌는데, 이는 자본주의의 농간이라고 풀이했다. 대표적인 예로 난민 수준의 몸매가 미인의 기준이 된 이유를 들었다. 영양 공급이 과잉인 현대 사회에서는 그런 몸매를 만들기 어려운데, 그 몸매를 유지하려면 돈을 들여야 하기 때문이란다. 남자의 근육도 마찬가지다. 따라서 세상의 천박함은 자본주의의 농간에서 비롯했다는 것이다. 사람들은 이제 살찐 사람을 비웃으며 죄책감을 느끼지 않는다. 살찐 사람은 죄인이라도 된 것처럼 수치심과 우울함에 시달린다. 자기 관리의 실패는 경제력 부재의 증명이며, 이는 수치심으로 이어진다.

실장의 주문대로 나는 5년 만에 넘은 미용실 문턱을 금세 두 번이나 더 넘었다. 한 번은 면접을 위한 드라이를 하러 들렀고, 또 한 번은 염색하러 들렀다가 세 번을 꼬박 채웠다. 실장이 작정하고 허세와 수치심을 건드린 건 아닐 터이지만, 나는 자본주의의 농간에 놀아난 꼴이 되었다. "영양 하실 거죠?"라는 실장의 한마디가 '그

정도의 경제적 여력은 되시지요?'로 수신되어 '그 정도는 가능해요.'로 화답한 것이었다. 결론적으로 자본주의 심리학의 고수가 어리바리 소비자의 지갑을 마음대로 열고 동네 미용실 1년 이용 금액을 뜯어간 셈이다. 나는 잡지에 등장하는 가짜 근육의 허세, '복어 파마'를 하고 지금도 해독 중이다.

2. 미니멀 라이프

오랫동안 별러서 옷방을 정리했다. 옷방에는 추억이 담긴 물건으로 발을 디딜 틈이 없었다. 옷을 하나 사면 입던 옷을 하나 버려야 하는 법이다. 그런데 그러지 못하고 '추억'이라는 이름으로 쟁여 두기만 했다. 결혼하기 전에 입던 옷들은 그때의 리즈 시절을 떠올리기에 좋았다. 아이를 낳은 뒤 살이 빠지면 입어야지 하고 사들인 옷가지는, 딸아이의 어릴 적을 불러내는 시간을 선물했다. 그런 옷들을 하나씩 꺼내 의식을 치르듯 살펴보고 '맞아 내가 그땐 그랬지.' 하며 추억을 들춰냈다.

그런데 이런 의식도 한두 번이지 시간이 너무 지체되었다. 그래서 물건 정리의 기준을 세웠다. '있어도 되고 없어도 되는 물건 여럿보다 하나를 가져도 맘에 드는 물건으로 채우기'였다. 기준에 맞춰 정리하다 보니 버릴 것이 대용량 김장 비닐봉지로 10개가 넘었다. 드디어 옷방의 바닥이 드러나기 시작했다. 아이 방의 책과 장난감들도 모두 재활용 봉투에 담았다. 다섯 봉투가 넘었다. 추억이 묻어 있는 물건들을 정리하고 나니 집안이 이사 올 때처럼 휑해졌다. 말끔해진 집을 둘러보다가 '이렇게 쉽게 버릴 수 있는데, 왜 여태껏 끼고 살았던 거지?' 하는 의문이 들었다. 처음엔 추억거리여서 못 버리고, 언젠가는 다시 쓰겠지 하는 생각에 못 버렸다. 결국 욕심 때문에 쓸모없는 것들을 끼고 산 것이다. 생각을 바꾸면 쓰레기인데 말이다.

과거에는 아기자기하고 예쁜 물건에 빠졌다. 그래서 마음에 드는 옷을 사도 색깔별로 들여놔야 직성이 풀리고, 물건도 마음에 들면 하나를 더 사야 안심이 되었다. 그런데 내 자식이 나를 닮아

가는 모습을 보고 '아 내가 저랬구나!' 하는 반성을 하게 되었다. 그래서 아이에게 시간이 지나면 이런 물건들이 의미가 없다는 사실을 가르치고 있다.

나는 내친김에 미니멀 라이프에 도전하고 있다. 미니멀 라이프는 단순한 생활 방식을 추구한다. 물건을 적게 소유하면서 생활을 단순하게 가져가는 것이다. 그럼 나중에 마음과 생각이 정리되면서 오히려 삶이 풍요로워진다는 가르침 때문이다. 우리나라에서는 2010년대 초반부터 열풍이 불었다. 미니멀 라이프를 통해 '저녁이 있는 삶'과 '소확행' 같은 단어가 화두로 떠올랐다. 이런 열풍이 일어난 배경에는 과거처럼 자식을 키우고 노후를 설계하는 삶을 더 이상 살 수 없다는 의식이 자리를 잡고 있다. 미니멀 라이프의 첫걸음으로 집에 가득한 물건을 비우고 나니 사그라졌던 열정이 샘솟는 기분이 들었다. 비우고 나니 마음에 무언가 꽉 차오르는 느낌이 든다.

3. 삶의 원동력

올해 막내딸이 가톨릭교의 첫 영성체 예식을 갖는다. 큰아이에게 아쉬웠던 점은 둘째, 둘째에게 못한 것은 막내에게 모두 해보리라 생각하며, 첫 영성체 교리 시작을 손꼽아 기다렸다. 막내의 영성체 예식을 상상하면 콧노래가 나오곤 했다. 막내도 처음에는 교리 통과가 어렵다는 사실을 알았지만 은근히 기대하는 눈치였다. 그렇게 영성체를 기다리는데 청천벽력 같은 소식이 들렸다. 신부님께서 코로나19 확진자가 수십만 명씩 나오는 상황에서 올해 첫 영성체를 하기는 무리라고 말씀하셨기 때문이다.

나는 막내딸의 첫 영성체가 올해 이루어질 수 있도록 도와 달라고 간절히 기도했다. 그런 나에게 남편이 “엄마의 욕심이야. 올해 못하면 내년에 하면 되지, 왜 욕심을 부리는지 알 수 없다”라고 핀잔했다. 남편의 핀잔을 듣고 내가 욕심쟁이인가 돌아봤다. 욕심이 없는 사람은 세상에 한 사람도 없을 것이다. 꼭 해 보고 싶은 것, 한 번쯤은 이루어 보고 싶은 것은 누구에게나 있게 마련이다. 욕심이란 분수에 넘치게 무엇을 탐내거나 누리려는 마음이다. 이런 의미로 욕심을 좋지 않게 보는 것이다. 그렇다고 욕심을 타락한 인간이 가지는 대표적인 악으로 보면 안 된다.

욕심은 어느 정도 있어야 한다. 사람에게 욕심은 자기가 원하는 것을 얻기 위한 동기 부여의 힘이 될 수 있다. 사람은 살면서 욕심을 부리고 그 속에서 성장한다. 동물은 욕심을 채우기 위해 본능적으로 행동하나 인간은 매 순간 자신의 자유로운 선택 속에서 이성을 가지고 스스로의 행동을 책임질 수 있다. 욕심이 욕심을 낳지 않도록 붙잡거나 버려야 할 것을 확실히 하면 스스로 무덤을 파는

복어 파마

욕심을 부리지 않을 것이다.

4. 결핍

'금요일 베스트'는 배진수 작가의 옴니버스식 풍자 웹툰이다. 2018년 네이버에 60회에 걸쳐 연재되었다. 그 가운데 인간의 욕심을 주제로 한 '퍼펙트 월드'라는 에피소드가 있다. 스펙이 엄청난 주인공이 자기 삶에 만족하지 못하고 끝없이 욕심을 부린다. 어느 날 정체 모를 존재가 나타나 소원을 말하면 아무 대가 없이 들어주겠다고 한다. 주인공은 고민 끝에 소원을 무한정 들어 달라고 주문한다. 그런데 주인공은 온갖 소원이 충족되면서 더는 행복을 느낄 수 없게 된다. 결국, 최후의 소원으로 '어떤 상황에서든지 행복해져서 웃도록 만들어 달라'고 요구한다. 장면이 바뀌어 정신 병원이 나온다. 지적 장애를 가진 주인공이 간호사들의 보살핌을 받으며 언제나 의미 없이 환한 웃음을 짓는 모습으로 이야기가 끝난다.

그때는 나도 일과 가정 가운데 어느 것도 놓치고 싶지 않아 고군분투하고 있었다. 웹툰의 주인공처럼 소원을 들어주는 존재를 만난다면 끊임없이 소원을 이루어 달라고 요구했을 상황이었다. 하지만 웹툰의 결말은 충격적이었다. 그래서 부족함이 없으면 행복도 없으므로 결핍이 있는 내 삶에 만족하며 살자고 다짐했다.

인간은 망각의 동물이라고 했던가. 지금 나는 또 매사에 욕심을 부리고 조바심을 내며 산다. 여전히 남들보다 더 많이 소유하기를 욕망하며, 다른 이들에게 인정을 받고 싶어 한다. 그러다 보니 삶에 여유가 없어지고 체력마저 고갈되기 일쑤다. 소원을 달성해도 '퍼펙트 월드'의 주인공처럼 즐겁지 않다. 심지어 공부 욕심이 없는 느긋한 아들의 성격이 못마땅해 잔소리를 늘어놓는 바람에 사이가 틀어지기도 한다. 욕심이 지나치면 불행의 화근이 된다. 욕심을 비워 내는 순간 지금 이대로도 부족함이 없어진다. 오늘도 가진 것에 감사하며 마음 비우기를 다짐한다.

5. 명품 백

“샤넬로는 부티가 안 나요.”

얼마 전 찐부자들이 탐내는 ‘진짜 럭셔리’라는 제목의 명품 백 관련 기사를 읽었다. C사의 가방 가격이 2년 만에 60%씩이나 인상되었는데도 대기 명단에 이름을 올려야 구매할 수 있다는 내용이었다. 이 회사는 브랜드의 가치를 높이기 위해 가격을 올려 진입 장벽을 높이는 전략을 썼다고 한다. 명품을 소비하는 이유는 자신의 부를 내보이고 싶은 과시욕 때문이라는 진단도 곁들였다.

사치 소비를 나쁘다고만 할 수는 없다. 문제는 욕심이 앞서서 허영심으로 하는 소비다. 분수에 맞지 않게 닥치는 대로 사서 빚을 지는 사람도 있기 때문이다. 여성들은 명품 백의 어떤 점에 환호하는 걸까. 가격을 뺀 디자인 면에서 보자. 명품 백은 끈이 체인으로 되어 있다. 가죽과 철로 이루어진 체인은 가늘지만 강하다는 인상을 준다. 명품 백을 사면 나와 세상이 가느다란 끈으로 강하게 연결될 것 같은 환상을 만들어 준다. 그리고 가방을 메는 순간 자기와 같은 부류와 연결되었다는 착각에 빠지게 한다. 체인으로 된 끈은 절대 끊어질 리 없다고 생각한다.

10년 전에 충동적으로 산 명품 백이 하나 있다. 지금은 들고 다니지 않는 가방이다. 그날 서울에서 학회의 워크숍이 끝나고 집으로 내려오기 위해 고속버스 터미널에 도착했다. 버스 출발까지는 시간 여유가 있었다. 그리고 학회가 종일 계속되어 허기도 달랠 겸 백화점으로 들어갔다. 고속버스 시간이 임박해 백화점을 나올 때 손에는 쇼핑백이 들려 있었다. 쇼핑백에는 체인으로 된 숄더백이 들어 있었다. 나를 든든하게 지켜줄 거라는 기대를 눌러 담은 명품 백이었다.

명품 백은 나를 빛내기는커녕 매달 할부 지옥에 옭아매는 쇠사슬이 되었다. 그때 난 겉 포장이 아니라 실력을 키워 내 가치를 올려야 한다는 단순한 이치를 깨달았다. 지금은 명품 백에 관심이 없다. 마음의 허기를 명품 백으로 대신할 수 없음을 체험했기 때문이다. 그런데 요즘 슬슬 욕심이 나는 물건이 있다. 줄이 튼튼한 명품 시계다. 다시 사는 실수는 안 하겠지만, 욕심은 놀부 심보처럼 지금도 여전하다.

6. 게으른 완벽주의자

지난해 말 대학교 조기 졸업을 위해 졸업 논문을 준비하고 있었다. SNS 중독을 주제로 정하고 선행 논문을 찾아보았다. 논리 정연한 논문, 규모가 큰 논문, 오랜 기간 진행된 연구 논문이 쏟아져 나왔다. 그런 논문에 비해 내가 정한 연구 주제와 연구 방법, 문장력은 너무 단순해 보여 좌절하였다. 논문을 완벽하게 쓰고 싶다는 욕심이 앞서다 보니 엉뚱하게 논문 회피로 이어졌다. 그렇게 마음의 부담은 쌓이는데 행동은 하지 않는 날이 이어졌다.

게으르거나 두려워 논문을 미루는지 생각해 보았다. 그러나 게으름이나 두려움을 넘어선 문제였다. 나의 성격을 진단하면 완벽을 추구하기 때문에 어떤 일이든 철저히 준비하고 시행한다. 그래서 게으른 것처럼 보이는 것이다. 한마디로 '게으른 완벽주의자'라는 표현이 어울린다. 이번 논문 프로젝트는 지나치게 높고 엄격한 목표 기준을 설정한 뒤, 잘해야 한다는 부담과 실수에 대한 두려움이 작용하여 일을 시작하기 어려웠다. 한마디로 실패에 대한 두려움이 커서 과제 수행에 대한 회피로 이어진 것이다.

완벽을 기하려는 욕심이 강해 만든 부작용이었다. 욕심은 분수에 넘치게 무엇을 탐내거나 누리려는 마음이다. 분수에 넘치는 일을 하겠다고 목표를 정하니, 나의 낮은 능력과 사이에서 발생하는 간극을 메우기 어려웠다. 스스로 돌아보고 욕심을 조금 내려놓으니 논문을 완성할 수 있었다. 욕심은 나쁜 것이 아니지만 넘치면 실패를 초래한다. 이제 역량의 한계를 뛰어넘는 욕심을 부리지 말고 나를 부단히 키워 나가기 위해 박차를 가해야겠다.

7. 엄마의 과자

엄마는 TV에 새로운 과자 광고만 나오면 슈퍼로 달려가 한 아름 사 오시곤 했다. 덕분에 동생과 나는 과자 파티를 마음껏 즐길 수 있었다. 간식이 별로 없던 시절에 달콤한 과자 맛은 행복 자체였다. 엄마는 과자 쇼핑이 사치라시면서도, 우리 형제가 다 커서 집을 떠날 때까지 그치지 않고 즐거움을 선사하셨다.

그런데 그 옛날 엄마의 새로운 과자 쇼핑 사치가 나에게 강림하셨다. 최신 물건만 보면 그게 무엇이든 온갖 구실을 대서 모셔오려고 애쓴다. 책도 그렇다. 애당초 읽지 못할 줄을 알면서도 사서 쌓아 둔 것이 산더미다. 그래도 책더미를 볼 때마다 그 자체로 흐뭇해진다. 값이 나가는 물건을 사냥하려면 시간이 좀 걸린다. 몇날 며칠을 매달려 그 물건을 사지 않으면 안 되는 이유를 만들어 나를 설득한다. 그 물건이 내 삶을 얼마나 편리하게 해 줄지, 사지 않으면 아쉬움으로 사진을 들여다보느라 얼마나 많은 시간을 낭비할지, 그 물건이 없으면 얼마나 불안할지….

이러느니 차라리 사는 게 낫겠다는 생각이 들면 바로 지름신이 내 손을 움직인다. 그런데 그렇게 들여놓은 물건이 막상 내 것이 되는 순간부터 한쪽 구석에서 먼지가 쌓이는 일이 적지 않다. 그제야 지름신의 정체가 적당한 편리 뒤에 숨은 삶의 허기였음을 발견한다. 들여다보면 돈을 많이 벌어 큰 집에서 부자로 살고 싶은 마음은 크지 않다. 요즘에는 지름신이 운동 영상과 운동 기구, 건강 속옷 등에 꽂혔다. 50줄에 들어서니 건강 검진도 두렵고 아플지도 모른다는 불안감이 커져 물건으로 해결하려는 것이다. 생각해 보라. 몸무게는 늘어나고 피부는 처지고 등은 구부정해지는 자기 모습을 보면서 보상 심리가 발동하지 않을 수 있는가.

욕심에는 반드시 이유가 있다. 지적 갈망이거나, 편리하고 건강하게 살고 싶은 본능이다. 거기에 삶의 허기가 더해질 때면 욕구에 순응하는 것이 지혜다. 지름신은 한순간에 나를 위로하는 임무를 마치고 그냥 물건으로 돌아가는 것뿐이다. 그래서 어릴 적 나를 배불려 준 엄마의 과자 쇼핑 사치처럼 내 욕심을 이해하기로 했다. 오늘은 마트에 들러 과자를 듬뿍 사 들고 아이들과 함께 먹으며 엄마를 추억해야겠다.

8. 햄스터와 나

이사할 때마다 이전의 집과는 다르게 지내려고 여러 계획을 세웠다. 가족들의 공통된 의견은 정리가 잘 된 집에서 지내는 일이었다. 하지만 나는 안타깝게도 물건을 잘 정리하지 못한다. 그래서 집 안이 거의 내 물건으로 가득 차 있다. 갑갑할 때가 한두 번이 아니다. 북아트 수업을 할 때 쓰던 종이와 수업 자료로 사용하려고 산 책, 팝업아트에 빠져 마구 사들인 팝업북, 살이 쪄서 더 이상 입지 못하게 된 옷가지 등이다. 지금은 노작 수업에 사용하는 재료들이 늘어나 더 둘 곳이 없어 팬트리장에 방치했다.

큰맘 먹고 날을 잡아 사용하지 않는 물건을 버린다. 하지만 어느샌가 그 자리는 여지없이 다른 걸로 채워진다. 수납장을 사서 정리하기도 한다. 그런데 수납장의 빈 곳이 자기를 채워 달라고 사정하는 것 같다. 그래서 금방 잡동사니들로 채워 버린다. 버리면 되는데 내 것에 대한 집착이 강해 잘 안 된다.

TV에서 수납 정리 전문가가 나올 때면 남편은 항상 나를 부른다. 그리고 저렇게 따라서 정리하라며 잔소리를 한다. 매번 듣는 소리여서 귀가 솔지만 다소곳이 옆에 앉아 있다. 그러다 눈치를 봐서 슬쩍 자리를 피한다. 정리는 나에게 수학보다 어려운 일이다. 이것은 이래서 저것은 저래서 모든 물건이 다 쓸모가 있기 때문이다. 신기한 점은 버리고 나면 얼마 지나지 않아 그 물건이 필요해진다는 것이다. 그래서 더 집착이 생긴다.

춘삼월 봄맞이 대청소를 하려고 팬트리장 앞에 앉았다. 문을 열고 물건들을 하나씩 요모조모 살펴보았다. 버릴 것과 남길 것을 구분하기 위해서다. 물건들을 그렇게 한참 바라보노라니 오래전에 키우던 햄스터가 떠올랐다. 햄스터가 두 손을 입에 대고 먹는 모습이 귀여워 먹이를 자주 주었다. 배가 부르면 그만 먹겠지 생각했는데 그게 아니었다. 배가 부르면 먹이를 입안이 터져라 넣고는 한쪽 구석에 숨겨두었다. 내가 그 햄스터를 닮지 않았나 하는 생각이 들었다. 가득 차면 비워야 하는 법이다. 내가 정리를 제대로 하지 못하는 이유는 끊임없는 소유욕 때문일 것이다. 이제 비우는 연습을 해야겠다.

9. 한우와 딸기

시어머님은 우리가 결혼하고 딱 일 년이 지난 2004년에 중풍으로 쓰러지셨다. 처음엔 오른쪽 반신을 거의 쓰지 못했다. 그래서 식사 등 생활하실 때 아버님의 도움이 필요했다. 시간이 지나면서 다행히 예전 같지는 않지만 당신 혼자서 식사도 하시고 소소한 집안일을 할 만큼 회복하셨다. 지난해 설 명절에 시댁에 인사를 드리러 갔다. 어머님께서는 인사를 마치고 집으로 향하는 나에게 식용유와 라면, 밑반찬 등을 싸 주셨다. 그리고 냉동실에서 검은 비닐봉지를 힘들게 꺼내 슬쩍 내용물을 확인하고 건네주셨다.

"이거 한우 얼린 거야. 찬이 아범 좋아하는 소고기뭇국 끓여 먹어."

나는 맛있게 잘 먹겠다고 인사한 뒤 시어머니께서 바리바리 싸 주신 먹거리를 집으로 가져왔다. 그리고 짐을 풀고 하나하나 정리하다가 유통 기한을 확인해 보니 한 달 정도 지난 게 있었다. 혹시 몰라 다 확인해 보니 식용유 2개와 라면 5개 묶음도 유통 기한을 지나 있었다. 평소에도 시어머님이 주신 식재료를 친정 엄마께 드리고 종종 반찬으로 만들어 달라고 부탁했다. 이번에도 시어머니가 주신 한우를 드리고 소고기뭇국을 끓여 달라고 했다. 두 시간쯤 지나 전화벨이 울렸다. 엄마에게 벌써 다 되었느냐고 물었더니 웃겨서 쓰러질 뻔하셨다는 대답이 돌아왔다. 엄마는 마트에서 무를 사다가 먹기 좋게 썰고 검은 비닐봉지에서 한우를 꺼내셨다고 한다. 그런데 봉지에서 나온 것은 한우가 아니라 뭉개져 얼어 버린 딸기였다는 것이다. 그래서 딸기를 보시고 한참 웃으시다 소고기를 사다가 뭇국을 끓이셨단다.

시댁의 냉장고는 언제나 음식물로 가득 차 있다. 냉동실은 빈틈이 보이지 않을 정도로 꽉 채워져 있다. 그런데 검은 비닐봉지에 쌓인 게 너무 많아 꺼내서 열어 보지 않으면 내용물을 분간하기 어려웠다. 냉동실에서 식재료를 꺼내다가 검은색 비닐봉지가 와르르 쏟아질 뻔한 적이 많았다. 냉장고뿐만 아니라 집 안 곳곳에 정리되지 않은 물건이 쌓여 있다. 처음에는 시어머님의 욕심이 많으셔서 쟁여 두시는 줄 알았다. 그런데 어머님이 거동하기 힘드셔서 물건을 쌓아 두실 수밖에 없었던 상황은 아니었을까 하는 생각이 들었다. 딸기가 한우로 둔갑하는 일이 없도록 이제 시댁 냉장고를 자주 들여다봐야겠다.

여행

1. 소풍
2. 바다가 된 우리 집
3. 산촌 여행
4. 코로나19가 선물한 여행
5. 아버지에게 빚진 여행 선물

1. 소풍

“나 하늘로 돌아가리라. / 아름다운 이 세상 소풍 끝내는 날, / 가서, 아름다웠더라고 말하리라.”

천상병 시인이 지은 ‘귀천’의 한 구절이다. 인생을 소풍에 비유하면서 삶과 죽음을 초월한 인식을 보여 준다. 20대에 처음 이 시를 접하고, 아찔할 정도로 감동을 받았다. 그래서 시인의 시집을 사서 외웠다. 부인이 운영하는 서울 인사동의 천장이 나지막한 카페 ‘귀천’도 자주 찾았다. 그러면서 어떤 경지에 올라야 죽음을 소풍으로 받아들일 수 있을지 곰곰 생각해 보았다. 시인이 부유하게 살다 간 것도 아니었다. 1967년 동백림 사건에 연루되어 모진 고문을 당한 끝에 6년의 옥고를 치렀다. 세상에 나와서도 고문 후유증에 시달렸다. 그런데도 꽃길만 걷다가 운명을 맞는 것처럼 ‘소풍 끝내는 날’이라니. 시인의 무게를 어찌 감당할 수 있었겠는가.

그러다 나는 어느 때부터인가 현실 속으로 들어왔다. 결혼해서 아이를 낳아 키우며 나를 잊고 지냈다. 그렇게 현실과 부딪치는 동안 30년이 훌쩍 지났다. 하늘의 뜻을 알 수 있다는 쉰이 된 것이다. 지금쯤이면 안정된 삶을 살면서 천 시인처럼 어떤 경지에 올라 있어야 했다. 그런데 이룬 게 아무것도 없다. 그저 아등바등 살기에 바쁘다.

어느 날 딸아이가 가져온 프린트물 한 장, 거기에 ‘귀천’이 있었다. 추천해 주고 싶은 사람과 이유를 적어 오라는 수행 평가 과제였다. 아이와 함께 시를 감상한 뒤 누구에게 추천할지 물었다. 아이는 망설임 없이 엄마에게 추천하고 싶다고 했다. 그리고 엄마가 마지막 날 이런 말을 들려줬으면 좋겠다고 했다. 딸아이의 얼굴에 '귀천'을 처음 접했던 20대의 내 모습이 투영되었다. 그땐 어렸지만 삶을 진지하게 성찰할 줄 알았다. 그래서 무엇인가 치열하게 고민하면서 하루를 살아냈다. 하지만 지금은 고민할 겨를도 없이 그저 시간에 끌려가고 있다. 인생의 여행의 끝에서 아름다운 소풍이었다고 말할 수 있을지 스스로에게 물었다. 서글프지만 지금으로서는 도저히 그러지 못할 것 같았다.

도대체 삶의 아름다움과 여유는 어디에서 오는가. 나는 다시 한 번 나에게 물었다. 그렇다, 내 마음속에 있었다. 삶에서 무엇을 이루었든 아름답다고 생각하면 아름다운 것이다. 50대에 다시 본 '귀천'이 아스팔트 같던 내 여정에 소풍을 갈 틈을 벌려 주었다. 천 시인처럼 막걸리라도 한 잔 마시며 쉼표가 있는 시간을 만들어야겠다. 마지막 날 딸아이에게 세상이 아름다웠노라고 들려주려면 말이다.

2. 바다가 된 우리 집

목포 여행의 마지막 식사는 상동에서 한 해초 비빔밥과 꼬막전이었다. '해빔'은 해초와 야채의 식감이 조화를 이루었는데, 다채로운 맛이 났다. 꼬막전은 속까지 바삭하게 익어 고소한 맛이 별미였다. 120년이나 되었다는 적산가옥을 개조해 만든 카페에서 커피를 마시며 형언할 수 없는 마음을 다스려야 했다. 다시 이곳에 올 수 있을까, 창을 통해 들어오는 장면이 하나도 상이 맺히질 않았다. 목포에서 산 기간은 인생을 하루로 치면 두 시간 남짓하다. 그럼에도 기억에서 차지하는 크기는 절반을 넘었다. 서울살이가 어지간했다면 추억 속 유년의 뜰이 그리 커지지 않았을지도 모른다. 서울로 이사 온 뒤 고향집이 너무도 그리웠다. 우물이 있고 나무가 있고 빨랫줄들이 하늘에서 너울거리는 우리 집 마당을 걷고 싶었다.

남편과 연휴에 각자 볼일을 보기로 합의한 터였다. 그런데 자정 무렵이 되어 목포에 간다면 시간을 낼 수 있느냐고 물었다. 여행할 짬이 없다는 말이 목구멍까지 올라왔지만 꿀꺽 삼켰다. 그리고 우리 가족 넷은 작은 가방 하나 달랑 챙긴 뒤 새벽 5시에 서해안고속도로에 들어섰다.

무성한 무화과나무가 대문을 지키던 우리 집, 시내에서 유일하게 우물이 있고, 물을 긷던 사람들이 있었다. 백석 시인의 '여우난곬족'에 등장하는 모습처럼 밥에 둘러앉던 일가친척이 있었다. 아련하던 옛날의 모습이 뚜렷이 소환되었다. 늘 드나드는 사람과 일하는 사람들의 움직임으로 분주하던 그곳, 어린 나이에도 다시는 되찾을 수 없다는 상실감이 커서 기억을 더 붙잡았고 되새겼는

지도 모를 일이다.

고향에 도착하면 어릴 적에 살던 집을 찾을 수 있느냐고 아들이 물었다. 나는 대뜸 당연하다고 대답했다. 지금 바로 우리 집과 동네를 그려 낼 수 있다고 말이다. 우리 집 한 블록쯤 뒤에는 커다란 냉동 공장이 있다. 집 앞으로 큰길이 나 있고, 거기서 몇 발짝 더 걸어 나가면 바닷가에 늘어선 상가 거리가 펼쳐진다. 반대쪽으로는 갯벌이 길게 누워 있다. 냄새로 발길을 붙잡던 격자무늬 유리창을 한 과자점도 있다. 나는 유년의 풍경과 내 이야기에 스스로 취해 빠르게 기억을 되감았다. 그런데 너른 마당과 장독대의 크기를 설명하다 어린 시절의 기억이 지금과는 다를 수도 있다는 불길한 생각이 들었다.

아버지는 팍팍한 서울살이를 하면서 젊은 날 누렸던 영화를 아쉬워하는 데만 에너지를 쏟았다. 엄마는 그런 아버지 대신 전사로 나설 수밖에 없었다. 가족의 생계를 위해 추억할 겨를조차 없이 바삐 움직였다. 엄마는 시간이 갈수록 감정이 증발해 버린 기계가 되어 갔다. 자식들의 얼굴을 들여다볼 여유조차 없었기 때문이다. 그땐 엄마를 이해하기엔 너무도 어린 나이였다. 그래서 각자 다른 방향을 보며 지내야 했다. 그럴 때마다 나는 유년의 마당을 떠올리며 위안을 삼았다.

목포 시가지가 눈에 들어오자 자식들에게 무화과나무가 있는 우리 집을 단번에 발견해서 보여 줘야지 하는 설렘이 가득해졌다. 하지만 기억 속에 하나뿐이던 냉동 공장은 여러 개로 늘어나 있었다. 세월이 흐르면 당연히 변하는데 의심조차 하지 못한 것이다. 바닷가를 기점으로, 한 곳을 정해 가 보았다. 배를 만드는 공장 지대가 나오는데 진입 금지 팻말이 붙어 있었다. 결국 금지된 문 앞에서 되돌아 나오며 갑자기 내 기억이 하얗게 질려 버렸다. 남편은 그런 내가 측은했던지 한 번 더 가보자고 했다. 유년의 머릿속 지도와 크게 달라진 모습에 좌절감이 들면서 의미가 없다는 말이 절로 나왔다. 하지만 상실감을 채울 길이 없어 하자는 대로 이끌려 갔다. 눈앞에 나타난 그 동네의 모습도 낯설기는 마찬가지였다.

고향집 찾기를 포기한 채 숙소에 차를 세우고 오후 일정을 보내기로 했다. 택시를 타고 이동하면서 미련이 남아 기사분에게 냉동 공장이 있던 동네를 아느냐고 물었다. 기사 분은 냉동 공장은 낡아 이미 해체되었고, 그 동네는 공원화 사업으로 바다가 되었다고 했다. 덜컹하는 마음과 다행이라는 마음이 동시에 밀려왔다. 이제 고향집을 볼 수 없다는 절망감도 들고, '내가 고향집을 알아보지 못할 리 없는데 바다가 되었으니 당연하지' 하는 변명거리도 생겼기 때문이었다. "세월이 얼마인데 그 시간이면 대기업도 생겼다 사라질 만큼."이라며 아들이 나를 위로했다.

저기 저 바다 어디쯤 우리 가족을 기다리다 지친 고향집이 잠들어 있구나. 우리 세 자매를 기다린 세월이 너무도 길어 잠들었나 보다. 우물도 우리 얼굴이 보고 싶어 울다 지쳐 바다를 닮은 것은 아닌지…. 엄마가 입버릇처럼 목포에 가면 꼭 찾아 보라시던 희정이 엄마 이야기도 바다가 되었다. 내 몸은 너무 오래 서 있거나 걸어왔구나. 힘들 때면 꺼내 보던 바다가 된 우리 집, 내 유년의 슬픔아. 이젠 안녕!

3. 산촌 여행

자정 무렵 휴대 전화에 호우 주의보가 뜨는 바람에 잠을 설쳤다. 그런데 다음 날 고속도로에서 맞은 아침은, 적당한 구름 사이로 비치는 햇살이 나들이하기에 좋았다. 목적지에 도착해, 카페까지 가려면 급경사였다. 과거에 한 번 된통 당한 터여서, 딸까지 싣고 곡예 운전할 엄두가 나지 않았다. 할 수 없이 마을 입구의 공터에 주차하고 10여 분을 걸었다. 중2 딸은 경사가 심하다는 사실을 미리 알려 주지 않았다며 볼멘소리를 했다. 그러면서도 앞장서서 잘만 올라갔다. 나는 빨리는 따라가고 싶은데 뒤에서 자꾸만 잡아당겼다.

딸의 입은 삐죽 나왔어도 눈동자엔 벌써 호기심이 가득했다. 골목 사이로 보이는 산 그림자에 감탄하며, 어느 집 앞에서는 새끼 고양이를 발견하고 걸음을 떼지 못했다. 산촌의 매력에 푹 빠진 모양이었다. 오랜 세월을 견딘 기둥을 가로지르는 들보에는 벌써 시래기가 마르고 있었다. 어느 집 주차장에는 물놀이를 준비하느라 알록달록한 튜브를 만지는 엄마의 손놀림이 분주했다. 아마 도회로 나간 엄마가 아이를 데리고 할머니 집으로 여행을 왔나 보다.

땀범벅이 된 얼굴로 올려다보자 저 앞에 카페로 올라가는 돌계단이 보였다. 차를 마시면서 창으로 내다보니 다채로운 풍경이 들어왔다. 대지에 닿은 햇빛이 흩어지면서 제각각의 모습을 보여줬다. 초록 이파리는 하얗게 빛났고, 나무 기둥에 닿은 햇빛은 이내 그림자가 되어 사라졌다. 건물 뒤쪽은 햇빛을 받지 못해 이끼가 핀 딴 세상이었다. 풀은 연약한 채 웃자라 있고, 나뭇잎은 햇빛을 그리워하다 속이 탄 것처럼 검게 보였다. 유리창 너머로 들어와 부서지는 햇살은 마치 요술처럼 어둠도 만들었다.

"딸, 뒤돌아봐. 하늘에서 빛이 쏟아지는데 어디는 어둡고 어디는 밝지?" 아이가 무슨 말인지 알았다는 듯 해맑게 웃었다. 식물에 영향을 미치는 태양처럼, 사람에게 영향을 미치는 일이 어디 한두 가지이겠는가. 정오가 지나 주차장까지 내려오는 발길이 가벼워졌다. 고양이는 보이지 않고, 어느 집 녹슨 대문 위에는 덩굴장미가 꽃망울을 틔우고 있었다. 햇빛을 한껏 머금은 아이의 모습이 명랑했다.

4. 코로나19가 선물한 여행

코로나19가 막 시작된 2020년 4월 학업 때문에 서울로 이사를 감행했다. 자동차로 세 시간이나 걸릴 만큼 꽤 먼 거리였다. 하지만 이사한 의도와 다르게 코로나19 때문에 모든 수업이 비대면으로 진행되었다. 수업이 끝나면 여지없이 작은 방에 유배되었다. 그때는 철저히 혼자 남는 것이 살아남는 길이어서 외출은 엄두도 내지 못했다.

고향에서 그리던 서울살이의 모습은 전복되었다. 인프라가 좋은 곳으로 이사했으니 다양한 경험을 하고 싶었다. 하지만 외로움과 답답함만 방 안에 쌓였다. 그러다 집에 있는 시간이 길어지면서 8평 원룸이 오히려 공허해지기 시작했다. 허기진 사람처럼 괜히 방 안 곳곳을 자세히 살폈다. 그러다 쌓아 둔 서류 더미를 뒤적거리거나 가구의 위치를 바꿔 보기도 했다. 어떤 날은 읽지 않고 덮어 둔 여행 가이드를 펼쳤다. 그리고 기차가 없던 유럽으로 날아가 보고, 보물을 찾기 위해 사막을 횡단하면서 오아시스를 만나기도 했다. 또 어떤 날은 예전에 기록한 다이어리를 발견해서 그때 오늘의 나와 만나기도 했다.

자세히 들여다보니 익숙했던 방의 모든 것이 미지의 세계를 여행하는 것처럼 낯설고 신기했다. 방뿐이 아니었다. 내 안을 속속들이 살피면서 미래를 담보한 욕망과 게으름에 가려졌던 새로운 나를 만날 수 있었다. 넓은 세상은 그렇게 작은 것들로 이루어져 있었다. 카르페 디엠! 밖으로 나가거나 멀리 여행을 하지 않아도 지금 이 시간과 이 공간이 소중하다는 사실을 깨달았다. 코로나19는 이동의 자유를 박탈했지만, 멈춰서 자세히 보는 즐거움과 보람, 현재를 선물했다.

5. 아버지에게 빚진 여행 선물

아버지는 가족의 생계를 챙기느라 평생 장사만 하셨다. 비가 오나 눈이 오나 늘 같은 시간에 문을 열고 닫으셨다. 그러다 보니 함께 여행할 시간이 없었다. 가족들 누구도 여행을 떠나자는 말은 입도 뻥긋하지 못했다. 살림이 빠듯한 걸 알기 때문이었다. 우리 형제는 남들도 다 그렇게 사는 줄 알고 자랐다.

스물셋에 만난 남자친구는 자신의 로망이던 은색 중고 스포츠카를 샀다. 그리고 주말마다 나를 태우고 여행을 떠났다. 여행 경험이 없는 나는 집에서 멀어질수록 설렘보다는 귀소 본능이 작동했다. 어릴 적 부모님과 떨어져 지낸 트라우마 때문이었다. 그런데 나들이가 잦아지면서 추억이 하나둘 쌓였다. 운전하는 남자친구의 듬직한 옆모습이 눈에 들어왔다. 마음의 여유가 생기자 차창 밖으로 손을 내밀었다. 강바람을 만지는 느낌이 좋았다. 봄에는 양수리로 드라이브를 하면서 코끝에 매달린 봄 냄새에 취했다. 남자친구는 여름을 무척 좋아했다. 그래서 여름에는 더 자주 여행을 떠났다. 이제는 서울 근교가 아니라 계곡과 바다로 향했다. 기분이 들뜨기 시작했다. 가을엔 산속으로 들어가 다채로운 풍경에 빠졌다. 겨울에는 스키장에서 속도를 즐기며 신났다. 그렇게 나는 지금의 남편이 된 남자친구에게 어릴 적 못다 한 여행의 재미를 갑절로 선물 받았다.

4년 전 아버지께 칠순 잔치 대신 제주도 여행을 선물했다. 친정 부모님과 우리 가족, 동생네 가족 모두 열한 명이 떠나는 최초의 여행이었다. 동생이 4박 5일의 일정을 짰다. 그런데 둘째 날부터 엄마가 일정을 소화하기 힘드셨는지, 집이 그립다고 하셨다. 엄마도 예전의 나처럼 여행의 즐거움보다는 불안감이 더 크신 것 같았다. 결국 아버지의 칠순 기념 여행인데, 엄마가 참으시라고 싫은 내색을 하고 말았다. 아버지는 엄마와 달리 가는 곳마다 아이처럼 좋아하셨다. 그때 아이들이 어려서 한라산 등산을 일정에 넣지 않았는데, 아버지는 못내 아쉬워하셨다. 동생과 나는 다음 여행 때는 한라산 등반을 일정에 꼭 넣겠다고 약속했다. 하지만 4년이 지난 지금도 한라산 구경을 시켜 드리지 못했다.

제주도 여행을 떠올리면 가장 먼저 아버지께서 해맑게 웃으시던 모습이 아리다. 그토록 여행을 좋아하면서도 가족의 생계 때문에 평생 억눌렀으니 얼마나 힘드셨을까. 남편에게 선물 받은 여행의 참맛을 더 늦기 전에 돌려드려야겠다.

사랑

1. 치사랑

아버지는 당신의 손녀가 아나운서나 발레리나가 되기를 바라셨다. 그래서 유치원생인 딸아이에게 하루에도 몇 차례씩 뉴스 진행 연습을 시키곤 했다. 뛰어놀기 좋아할 나이이고, 아이 성향에도 맞지 않는 일이어서 마음이 편치를 않았다. 연습을 어려워하는 아이를 다그치기까지 하시니 약간의 노여움도 생겼다. 하지만 아버지의 열정이 쉽게 식을 것 같지 않아 지켜보기로 했다. 한참이 지난 뒤에 할아버지가 원하시는 대로 딸아이가 맞춰 주고 있다는 사실을 알게 되었다. 딸아이는 "제가 9시 뉴스를 해 볼게요." 등 아나운서 연습을 먼저 제안하고 나서 할아버지의 웃는 모습을 지켜보고 있었다. 아버지는 손녀가 자발적으로 연습하자 감독할 일이 없어서 그런지 아나운서 연습은 흐지부지되었다.

아버지는 딸들에게 실현하지 못한 미완의 꿈을 손주에게 펼치며 삶의 원기를 회복하고 계셨다. 하루는 발레 학원에 등록했다며 아이를 내일부터 당장 등원시키라고 하셨다. 학원 버스를 세워 시설을 둘러보고 상담한 뒤 결정했다고 했다. 학원에 양해를 구했으니 처음엔 유치원 체육복을 입으면 되고, 발레복과 슈즈는 가능한 한 빨리 준비하라는 당부도 하셨다. 아이의 일정도 있고 다른 학원을 그만둔다 해도 절차가 있는 법인데, 모두 생략하라는 말씀에 마음이 답답해졌다. 아버지는 교육비는 이미 다 치렀고, 발레복만 입으면 얼마나 예쁘겠냐며 '발레리나 만들기'에 돌입했다. 무슨 말로도 아버지를 설득할 수 있는 상황이 아니었다. 딸아이는 이번에도 할아버지의 요구에 맞춰 흔쾌히 대답했다. 그리고 다음 날로 발레를 시작했다. 딸아이의 하늘하늘한 발레복과 그보다 더 예쁜 발레 슈즈 가방에 작은 기쁨을 느끼며 3년을 넘겼다.

발레복을 입고 팔랑거리며 드나드는 손녀를 보며 환하게 웃으시던 아버지, 아이 발레복과 슈즈를 사고 머리핀을 고르며 행복감에 젖은 아버지가 알지 못하는 사실이 있었다. 이번에도 할아버지의 기분에 맞춰 열심히 다닌 것뿐이었다. 발레 학원에 다녀오면 "뻐빠지게 발레 했다."라며 동작이 너무 힘들다고 하소연했다. 딸아이가 자기 진심을 전한 최대치의 표현이라고 생각되었다. 몸이 유연하지 못한 아이가 얼마나 애쓰는지 단번에 알 수 있었다. 아이는 그렇게 3년을 견디고 전공하면 좋겠다는 소리가 나올 때까지 무던하게도 인내했다.

딸아이가 예고도 없이 보온 도시락과 후식까지 챙겨 내 일터로 왔다. 김밥을 직접 만들고 반찬을 하고 국을 끓였단다. 김밥은 야무지게 감겨 있고 깎은 사과는 정갈하게 담겨 있었다. 아이가 날 안아 주며 많이 먹으라고 권했다. 식사도 간식도 제대로 챙겨 주지 못하는 엄마인데, 아이는 인심 좋게도 앞으로 엄마는 자기가 챙기겠다고 했다. 엄마가 장하다고도 했다. 긴 시간 엄마를 생각하며 준비했을 수고를 생각하니 진심으로 고마웠다. 바쁘다는 핑계로 부실한 꼬마 김밥을 만들어 아침을 차려 준 엄마가 받기에는 점심 도시락이 과분했다. 딸아이는 정성이 담긴 김밥과 따뜻한 말로 새 일터에서 견뎌 낼 기운을 불어넣어 줬다. 그 뒤로도 도시락을 몇 번 더 싸 왔다. 사무실의 물건 위치도 바로잡고 소품 정리까지 하며 바닥을 닦기도 했다.

아이의 어린 시절을 담은 영상에는 지금은 만날 수 없는 아버지와 엄마가 등장한다. '머리카락 다 빠지니 그만하라.'고 엄마가 말리는데도 아버지와 손녀는 활짝 웃으며 미용실 놀이에 빠져 있다. 할아버지의 머리카락을 인형인 듯 머리끈으로 묶고 핀으로 꽂는 일을 되풀이한다. 머리카락이 뽑히고 반복되는 요구에도 불편한 자세를 유지한 채 머리를 내맡긴다. 죽이 척척 맞는 미용사와 손님은 과일을 입에 넣어 주고 받고 하면서 꽤나 긴 시간을 보낸다. 딸아이의 재롱에 집중하느라 아버지의 놓친 표정을 한참 뒤에야 발견했다. 활짝 웃는 아버지의 얼굴, 행복이 넘쳐서 나오는 그순한 미소가 따뜻했다. 딸아이는 엄마가 하지 못한 효도를 대신한 것이다. 아버지가 아이와 놀아 주셔서 피곤하겠다고 걱정했는데, 사실은 아버지가 참 효도를 누렸음을 나중에야 알았다. 엄마 등을 보며 자란 딸아이는 먼저 안아 주며 등을 쓸어 준다. 나는 아버지가 요구하신 일에 이치를 들이대며 브레이크를 건 적이 많았다. 내 딸아이처럼 먼저 맞춰 주거나 봐 드리지 못했다. 엄마가 채워 드리지 못한 사랑을 대신한 내 딸, 스물한 살 딸아이는 지금 '뼈빠지게 효도하는 중'인지도 모르겠다.

2. 딸 바보 2대

현관문 여는 소리가 들리자마자 딸아이가 방에서 쏜살같이 튀어나온다. 그리고 아빠를 반기며 매달린다. 남편은 사춘기에 막 접어든 딸의 몸집이 커져서 무겁다며 앓는 소리를 한다. 하지만 입꼬리는 귀에 걸려 있다. 딸이 이내 무얼 사 왔냐며 아빠의 가방을 뒤적거리다 캐릭터 문구류와 마카롱을 꺼내 든다. 오후 늦게 아빠랑 통화하더니 원하는 게 있었나 보다. 오늘따라 어쩐지 딸이 격하게 반긴다 했다. 딸을 예뻐 죽겠다는 듯 바라보는 남편의 눈이 하트 모양 같다. 딸 바보임이 틀림없다.

남편과 딸이 얼굴을 맞대고 소곤대는 모습을 보면서, 원조 딸 바보였던 아빠와의 추억이 떠올랐다. 유년 시절에 나를 바라보시던 아빠의 눈도 지금의 남편과 다르지 않았다. 퇴근하고 돌아온 아빠의 손에는 항상 먹을거리가 들려 있었다. 김이 모락모락 나는 순대를 한아름 사서 식을까 봐 점퍼 안에 품고 들어오시기도 하고, 호떡이나 군고구마를 사 오기도 하셨다. 값비싼 바나나가 손에 들려 있는 날이면 공주가 된 느낌마저 들었다. 지금과 다르게 먹을거리가 절대 부족했던 그 시절에는 약간의 간식거리도 나를 흥분하게 만들었다. 아빠는 간식거리를 공짜로 내어 주지는 않았다. 뽀뽀세례를 퍼붓는다든지 애교를 떨어야 먹을 수 있었다. 무뚝뚝한 데다 먹을거리에 관심이 없던 남동생은 시큰둥했다. 하지만 나는 온갖 애교 공세를 퍼부어 간식거리를 차지하고 말았다. 세상을 다 차지한 것만큼 맛있게 먹는 내 모습을 보는 아빠의 눈도 하트 모양이었을 것이다. 아빠는 쉬는 날이면 엄마 몰래 나를 백화점에 데리고 나가 공주 같은 원피스를 사 입혔다. 그리고 사진관으로 달려가 함께 사진을 찍기도 하며 유난히 예뻐하셨다.

사춘기 시절만 빼면 나와 아빠의 찰떡같던 사랑 전선에는 이상이 없었다. 그런데 대학을 마치고 얼마 지나지 않아 사귀던 남자친구와 갑자기 결혼하겠다고 선언한 이후 금이 가기 시작했다. 당신의 눈에는 어리기만 한 딸인데 결혼한다고 하니 서운한 감정이 들으셨는지 반대가 심했다. 그러다 자식을 이기는 부모 없다고 결국 허락하시고는 속상해하셨다. 결혼식 날 신부 입장을 할 때 잡은 아빠의 손이 신부인 나보다 더 떨렸다. 아빠는 신랑에게 내 손을 건네면서 멈칫하시더니 얼른 내 눈을 피해 자리로 돌아가 앉으셨다. 그리고 결혼식 내내 고개를 떨구고 계셨다. 철없던 나는 아빠의 속내에는 관심도 없이 환하게 웃었다. 한참이 지난 뒤 엄마는, 결혼식 날 텅 빈 내 방에서 아빠와 둘이 밤새 울었다는 말을 전해 듣고 나도 한참을 울었다.

아빠의 딸 사랑은 지금도 계속되고 있다. 이제는 나를 빼닮은 손주들에게까지도 간식거리로 사랑을 표현하신다. 냉장고에 가득 아이스크림과 과자, 젤리를 쟁여 둔 뒤 뽀뽀를 해야 나눠 주신다. 마흔이 넘은 나에게도 잊지 않고 아이스크림을 챙겨 주신다. 이제 딸이 챙겨 드릴 차례인데, 받기만 하는 내가 철부지 같다. 이런 시간이 언제까지 이어질지 모르지만, 끝나지 않았으면 좋겠다. 이번 주말에는 양손 가득 먹을거리를 사 들고 아빠를 뵈러 가야겠다.

3. 그 남자 사랑법

가슴이 답답하고 사방이 막혀 질식할 것만 같았다. 의학적 진단명은 갱년기 증상이었다. 하지만 내가 내린 진단은 나를 사랑하지 않아 생긴 병이었다. 갱년기를 받아들이고 싶지 않은 몸이 스스로 저항한 결과였다. 나만큼 나를 사랑하는 사람도 없다고 생각했는데 착각이었다. 휴식과 치료가 필요했다. 홀로 짐을 꾸려서 떠난 여행지는 제주도였다. 뻥 뚫린 바다를 바라보며 올레길을 걸었다. 수많은 오름과 한라산은 눈으로 산책했다. 바닷가 조용한 찻집에서 커피를 마시며 멀리 수평선에서 눈을 옮겨 천천히 나를 들여다보기 시작했다.

여행으로 몸과 마음이 충전되면서 기분이 달라졌다. 그 뒤 몇 번 더 이곳저곳 여행을 다녔다. 그러나 변화는 더 이상 일어나지 않았다. 2퍼센트가 부족하자 몸이 다시 신호를 보냈다. 밖에서 해결이 안 되니 마음 수련이 최선이라는 생각이 들었다. 반가 사유상의 미소를 내 안에서 만나길 기대하며 3배 수행을 시작했다. 반가 사유상은 부처가 깨닫기 직전 인간의 생로병사를 고민하며 명상에 잠긴 모습이라고 한다. 그래서 그 미소를 만날 수만 있다면, 내 몸의 치열한 저항도 잠재울 수 있으리라 생각했다.

때마침 지난 부처님 오신 날 찾은 사찰의 경내 한가운데에는 반가 사유상을 재해석한 조각상이 놓여 있었다. 패널을 이용했는데, 패널과 패널 사이가 비어 있었다. 형태는 갖췄지만, 형상은 없었다. 빈 패널 사이에서 볼 수 없고 잡을 수 없는 부처의 자비와 사랑이 넘치는 것 같았다. 나에겐 자신을 사랑하는 마음이 부족한 것이 아니었다. 내가 만들어 놓은 형상에 이룰 수 없는 완벽함으로 채우려 했기 때문이었다.

점등식이 진행되고 반가 사유상에도 불이 들어왔다. 비워진 공간은 빛으로 충만했다. 낮에는 공(空)으로 깨닫게 하더니 밤에는 빛으로 깨달음을 주었다. 사랑은 스스로 빛나는 것이니 마음에 형상을 만들지 말라고 말하는 듯했다. 그 남자 사랑법을 이제야 알 것 같다.

4. 할머니의 촛불

할머니는 절에 가면 마음이 평온해진다며 절 사랑이 대단하셨다. 초등학교 시절 할머니의 손에 이끌려 절에 가는 길이 싫지 않았다. 절에서 먹는 맛난 토란국도 당기고, 산과 향냄새도 좋았다. 절에는 불 밝힌 초가 가득한 진열장이 있었다. 할머니는 가실 때마다 새로운 초에 불을 붙여 진열장에 넣었다. 공간이 없어 보이는데도 능숙한 솜씨로 자리를 찾아 초를 배치하셨다. 그리고 주름진 손을 들어 합장했다. 기도가 끝나면 "우리 은정이 건강하게 해 주세요, 돈 잘 벌게 해 주세요."라고 하시며 내 몸 전체를 크게 쓰다듬으셨다. 절에 다녀오는 날엔 내 몸과 마음에는 할머니의 기도가 배어 있었다.

그렇게 철부지 10대가 할머니의 촛불에 무임 승차해 훌쩍 지나갔다. 지금 돌아보니 어른이 되어 미래를 스스로 선택하고 결과를 받아들이는 과정은 외로움과의 싸움이었다. 그 외로움이 고통스러워 선택의 갈림길에서 나는 도피로 일관했다. 전공과 관련이 없으며, 만만해 보이는 직종을 기웃거렸다. 실패를 감당하기가 두려웠던 것이다. 그때 바로 잊었던 할머니의 촛불이 소환되었다. 나를 위해 밝히셨던 촛불의 의미를 그때는 몰랐다. 하지만 생각해 보니 나의 길은 혼자가 아니라 할머니께서 늘 동행하셨다.

촛불은 염원이 있는 곳에는 어김없이 등장한다. 할머니가 나를 위해 밝히셨던 것처럼, 진심으로 사랑하는 사람의 앞길을 밝힌다. 가족을 위해 또는 얼굴도 모르는 타인을 위해 누군가 촛불을 밝히고 동행한다. 나도 이제 나의 길을 두려워하지 말고 타인의 길을 위해 기꺼이 촛불을 밝힐 준비를 해야겠다.

5. 남편 사랑법

"나랑 밥 먹어 줘서 고마워."

이게 무슨 소린가. 내가 손수 밥을 지어 준 것도 아니고, 사 주는 밥을 먹어 주는 데 고맙다니 말이다. 못 들은 척 고개를 수그린 채 그저 밥만 먹었다. 명치 근처에 뭔가 차오르며 아린 느낌이 들었다. 미안함과 부끄러움 등 복잡한 감정이 한꺼번에 밀려들었다. 왈칵 쏟을 것 같은 눈물을 밥 대신 꿀꺽 삼켰다.

우리 부부는 11월 2일 결혼기념일에 늘 저녁 식사를 함께하며 자축했다. 몇 해 전 그날은 내 편이 아니라 '남 편'이 된 남자와 저녁 식사를 했다. 나의 젊음과 자유에 종지부를 찍은 날이라 생각하며 날을 세우고 그저 밥만 먹었다. 기념일을 앞두고 말다툼을 치열하게 벌였기 때문이다. 각방을 차지하고 한 치의 양보도 없이 한랭전선을 형성했다. 천장이 높은 레스토랑에서 밥을 먹으며 어색한 침묵이 흘렀다. 그러다 남편이 침묵을 깨고 뭐라고 말한 것이었다. 그날따라 제법 손님이 북적여서 '뭐야'라는 표정으로 남편의 얼굴을 쳐다봤다. 남편은 기어드는 목소리로 같은 말을 반복했다.

"나랑 밥 먹어 줘서 고마워."

내가 믿는 신은 제자들의 발을 씻겨 주시면서 서로를 사랑하라고 했다. 얼굴을 모르는 타인도 사랑해야 하거늘 하물며 내 편인데…. 남편은 나에게 섭섭하거나 미운 감정이 왜 없었을까. 하지만 그때까지 나는 남편을 포함해 이웃의 부족한 면을 절대로 받아들이지 못했다. 그래서 그들의 부족함이 짜증과 화로 남아 우울했다. 그런데 그날 남편의 한마디가 불완전한 존재는 이웃이 아니라 나라는 점을 깨우쳤다. 나 스스로가 시기와 교만과 욕심으로 가득 찼

다는 사실을 인정하지 못했기 때문에 벌어진 참사였다.

이쯤 되니 더는 남편을 미워할 수 없었다. 애초에 남편을 용서할 일이 아니었다. 나부터 용서하고 받아들여야 했다. 어떤 이는 '사랑은 경작하는 것'이라고 했다. 농부처럼 정성을 쏟고 시간을 들여 가꿔야 열매를 맺는다는 말이다. 그 말의 뜻을 그날 가슴으로 알았다. 저녁 식사를 마친 뒤 우리 부부는 다시 온난전선을 되찾았다. 사실 아무것도 변한 것은 없었다. 평소 하던 대로 먹든 말든 내버려 두던 아침을 챙기고 웃어 주면 되었다. 그날 이후 나는 나를 사랑하고 남편과 이웃을 사랑하는 법을 알게 되었다.

6. 사랑에 눈멀면 보이는 것

일제 강점기의 독립운동가들은 빼앗긴 조선을 사랑의 대상으로 삼았다. 애국심으로 무장한 채 독립을 찾으려고 목숨을 바치는 사랑을 했다. 쟁취할 수 있다는 확신이 없는 맹목적인 사랑이었다. 백산 안희제(1885~1943) 선생도 그 가운데 한 분이었다. 백산은 1914년 부산에 민족 기업인 백산상회를 세웠다. 무역으로 돈을 벌어 임시정부를 지원하고 독립운동에 필요한 거점으로 만들기 위해서였다.

백산상회는 친일파와 일본인 등을 가리지 않고 투자자를 모아 1919년 자본금 100만 원의 주식회사로 규모를 키웠다. 커진 덩치만큼 독립운동 영역도 넓어졌다. 중국에서 무기를 들여오고, 독립 선언서를 등사해 영남 지역에 배포하기도 했다. 백산무역주식회사의 독립 활동 뒤에는 비밀 독립운동 단체인 대동청년당이 있었다. 백산은 이곳의 2대 단장이었다. 활동이 모두 비밀리에 이뤄져 광복 이후에도 대동청년당의 존재를 아는 사람이 없었다. 그래서 이 단체가 독립운동을 어떻게 했으며 당원은 누구였는지 아직도 정확하게 파악되지 않았다. 백산이 활동 기록을 주기적으로 없앤 데다 체포되기 직전에 모든 자료를 불태웠기 때문이다. 백산무역주식회사는 임시 정부에 자금을 대느라 만년 적자를 면하지 못했다. 결국 일본의 감시와 세계 대공황까지 겹쳐 1928년 파산했다.

1930년대 독립운동가들 가운데는 친일을 선택한 사람이 늘어났다. 기약이 없는 사랑에 지쳤기 때문일 것이다. 하지만 백산은 1931년 만주로 건너가 민족 종교인 대종교에 입교했다. 2년 뒤에는 발해의 옛 수도인 동경성으로 가 민족을 위해 발해 농장을 만들고 교포의 생활 안정을 꾀했다. 농장 안에는 발해 학교를 열어 농민과 그 자녀들에게 독립 사상을 불어넣었다. 하지만 1942년 일제는 대종교를 독립운동 조직으로 간주했다. 그리고 임오교변을 일으켜 만주와 국내에서 대종교 지도자 21명을 일거에 체포했다. 백산도 이때 일경에 잡혀 투옥되었다. 감옥에 갇힌 백산은 대종교의 독립운동에 대한 혐의로 잔혹한 고문을 당했다. 그리고 9개월 뒤 얼굴 한쪽이 함몰된 채 병보석으로 풀려났다. 하지만 풀려난 지 3시간 만에 순국하고 말았다. 백산은 "조선이 해방될 날이 멀지 않았다. 나는 조선이 해방되는 것을 보지 못하지만 너희들은 해방을 맞이할 수 있으니 좋은 일이다."라는 마지막 말을 남기고 돌아가셨다.

백산은 맹목적인 애국의 결과를 보지는 못했다. 그러나 독립을 확신했기에 미소를 지으며 잠들 수 있었다. 사람이 참을 수 없는 고문을 당하면서도 맹목적인 사랑을 놓지 않기란 거의 불가능에 가깝다. 그래서 백산의 변하지 않는 맹목적인 사랑이 더욱 빛나지 않을까.

7. 연애 세포

2022년 4월 중순 인근 도시의 상가로 나가 교습소를 운영하기로 했다. 인테리어를 맡기려고 알아봤더니 비용이 예산을 훌쩍 넘어 포기하고 말았다. 대신 손품과 발품을 팔아 모든 공사를 진행하기로 했다. 그런데 남편이 휴가를 받아 강의실을 얻는 일부터 인테리어까지 열 일 제치고 도왔다. 함께 상가를 알아보러 다니고, 가구를 고르기 위해 한 시간이 넘는 거리에 있는 일산까지 동행했다. 그렇게 한 달 가까이 교습소 오픈 준비를 하면서 우리는 환상의 콤비가 되었다.

얼마 전엔 강의실 조명 기구를 결정하려고 마주 앉았다. 인터넷을 검색해 고른 조명을 보여 주며 어떠냐고 물었더니 대답 대신 기습 뽀뽀를 감행했다. 오랫동안 실종되었던 스킨십이어서 얼떨떨했다. 하지만 그런 마음을 들키기 싫어서 "뭐야? 내가 그렇게 이뻐?"라고 물었더니 귀엽다는 말이 돌아왔다. 웃음이 터져 나와 남편을 바라봤다. 스물셋 연애 시절 그 남자의 얼굴이 보였다.

언제부터인가 남편과 함께 시간을 보내는 재미가 시들해졌다. 대화를 나눠도 말이 통하지 않아 편하지 않았다. 얼굴보다는 등을 보여 주는 시간이 늘었다. 남편은 때때로 심통을 부렸다. 그럼 적당히 기분을 맞춰 주다 나도 짜증을 냈다. 그렇게 서로의 애증이 켜켜이 쌓이며 감응이 없던 위기의 순간에, 내 마음에 초록색 신호등이 켜진 것이다. 아마도 남편과 단짝처럼 붙어다니는 동안 연애 세포가 자극을 받은 것 같았다. 남편의 이름을 부르면서 장난을 치기도 하고, 퇴근해서 들어오면 벌떡 일어나 안아 주기도 했다.

얼마 전까지만 해도 나이 든 아저씨였던 남편이 지금은 꽃미남처럼 보이다니 무슨 조홧속일까. 생각해 보니 남편이 변한 게 아니라 내 마음이 조화를 부린 거였다. 때론 서로를 아프게 하고 등을 보여 주기도 하며 부부로 살아온 지 19년이 되었다. 부부의 사랑이라는 것이 연애 시절의 설렘만이 아니라, 함께한 시간만큼 우려져서 맛을 더하는 진국과 같음을 새삼 느꼈다.

8. 존재의 테이블

프랑스의 철학자 가스통 바슐라르(1884~1962)는 가난한 생활을 하면서도 항상 작은 테이블 앞에 앉아 독서와 몽상의 시간을 가졌다. 자기 존재와 만나는 시간이었다. 작가 나희덕은 그 시간이 바슐라르에게 자기 존재와 세상에 대해 넘치는 행복을 가져다 주었을 것으로 생각했다. 그래서 인도를 여행하다 앉은뱅이 탁자를 보는 순간, 바슐라르의 '존재의 테이블'을 떠올렸다. 그리고 그 탁자를 사서 가져왔다. 하지만 그동안 일상에 빠져 사느라 테이블에 앉을 시간을 자주 갖지 못했다. 나희덕은 이따금 시간을 내 먼지에 쌓인 테이블을 정성들여 닦았다. 그는 테이블을 닦는 것이 실은 자신을 거울에 비추는 의식임을 확인했다. 그래서 '존재의 테이블'이란 수필을 썼다.

나희덕의 수필을 읽으며 한 달에 한 번 있는 글사랑채의 글쓰기 수업을 생각했다. 이 글쓰기 수업이 나에게는 '존재의 테이블'과 같은 의미였기 때문이다. 하루하루를 전쟁 같은 생활을 하며 나를 잃어버린 채 표류하고 있다는 위기 의식을 느꼈다. 그래서 내 존재를 찾고, 스스로를 성찰하면서 한 발자국 더 나아갈 수 있는 힘을 얻기 위해 나에게 주는 선물이었다. 하지만 매번 바쁘다는 핑계로 수업 하루 전에야 쫓기듯 글을 마무리하고 말았다. 글쓰기가 성스러운 의식이고, 마치고 나면 뿌듯함을 느껴야 하는데 허탈함만 가득했다. 게다가 돌아보니 나는 내 존재를 찾는 데 번번이 실패하면서 점점 왜소해지고 있었다.

존재의 테이블에 앉는 시간은 진짜 나와 직면하는 시간이어서 고통스러운 행위임에 틀림없다. 그리고 나를 현미경처럼 정확하게 들여다봐야 하는 과정이어서 지루함에 시달려야 한다. 그런데 그런 과정을 외면하고 싶어 밀린 숙제처럼 글을 다급하게 쓰다 보니 도리어 허탈과 좌절을 준 것이다. 글을 쓰려면 나를 직시해야 하는 용기가 필요하다는 사실을 잊고 있었던 것이다.

'존재의 테이블'을 읽으며 그런 용기가 있어야 실종된 내 존재를 찾아 대화하며 행복하게 글을 쓸 수 있다는 진리를 깨닫게 되었다. 나희덕은 '존재의 테이블 앞에서, 자신을 누추한 생활에서 건져 올려 그 앞에 데려다 놓고 나니 고통스러우면서도 행복하다'며 글을 맺었다. 지금부터는 내 방 창문의 커튼을 열어젖히고 햇살을 받으며 노트북 앞에 앉아 나를 마주할 용기를 충전하면서, 고통스럽고 지루하지만 행복한 작업을 시도하려고 한다.

죽음

1. 아들에게

이 글은 어머님의 임종을 지키지 못해 죄책감을 가지고 사는 남편에게, 돌아가신 시어머님 대신 씁니다.

'사랑스러운 우리 아가, 할미가 너무 보고 싶었단다. 이 순간을 얼마나 기다렸는지 모른다. 내 새끼 어디 한 번 안아 보자.' 손주를 꼭 껴안자 곤히 자던 아기가 놀라서 깬다. 낯가림이 심한 손주는 아무리 달래도 울음을 그칠 생각이 없다. 결국 며느리가 깨서 달래니 겨우 잠든다. '어쩜 우는 모습까지도 이리 예쁠까. 눈에 넣어도 아프지 않은 우리 아가, 이제 할미는 돌아가야 하는구나. 건강하게 무럭무럭 자라다오.'

#1993년 5월. 의사는 약간 떨리지만 담담한 목소리로 암세포가 있다고 말했다. 아닐 거야, 잘못되었을 거야. 아름드리 벚나무 사이로 오가는 바람과 무성하게 자란 풀이 어우러진 오늘 새벽, 들판의 풍경에 취했을 때만 해도 닥쳐올 불운을 느끼지 못했다. 특별히 어디가 아파서 건강 검진을 한 것도 아니고, 그냥 해 보고 싶어서 받은 것뿐이었다. 그런데 청천벽력도 유분수지, 암 선고라니 기가 막혔다. 잘 될 거라고 마음을 다독이며 위암 치료에 들어간 지 1년이 넘었다. 하지만 나아질 기미가 보이지 않는다. 결국 다른 병원에서 검사를 다시 했다. 결과가 나오기까지 숱한 생각이 지고 피었다. 담당 의사가 "암은 맞는데 위암이 아니라 췌장암입니다."라고 했다. 췌장암이란 말이 귓전에서 맴돌다가 나를 나락으로 밀어 넣었다. 눈물이 솟구쳤다. 소리를 내어 울고 싶지만 눈물 사이로 남편이 보인다. 그 모습이 아리고 아프다.

#1994년 8월 14일. 숨을 쉰다는 것이 이처럼 힘들 수가 없

다. 군대에 있는 큰아들에게 이제 더는 못 버틸 것 같다고 연락을 넣었다. 그런데 아직 소식이 없다. '조금만 더' 하며 필사적으로 버티지만 자꾸만 눈에서 빛이 흐려진다. 그래도 큰아들이 보고 싶어 두 눈을 감을 수 없다.

#1994년 8월 15일 0시 5분. 희미하던 빛이 더 이상 버티지 못하고 꺼졌다. 순간 무서울 정도로 고요해지며 시계 소리가 평소보다 훨씬 더 크게 느껴졌다. 남겨진 내 가족들의 슬픔만 정적 속에서 떠돈다. 내 몸은 이제 창백하다 못해 흙빛으로 변했다. 손은 차갑고 딱딱해졌지만 큰아들의 발소리는 단박에 알아들었다. 큰아들의 따뜻한 손이 내 두 손을 어루만졌다. 가슴이 아렸다.

#'엄마는 괜찮아, 아들아. 그만 눈물을 거두렴. 이제 흙으로 돌아가도 되겠다.' 하고 전해 주고 싶은데 함께 눈물을 흘리는 것밖에는 아무것도 할 수 없다. 죽음은 멀리 있지 않았다. 어두운 그림자가 드리우다 따스한 햇살이 비추고, 어느새 또 어둡고 쓸쓸한 그림자가 길게 드리우는 것처럼 항상 주변에서 서성거렸다. 나는 언젠가 흙으로 돌아가는 날이 온다는 사실을 알았지만, 다시는 가족을 보고 만질 수 없는 헤어짐에 절망한 것이다. 하지만 아들아, 죽음은 주님의 곁으로 가기 위해 새롭게 통과하는 터널에 불과하단다. 엄마는 우리 가족과 함께하는 동안 맘껏 사랑했고, 세상에 너희들 가족이라는 흔적을 남겼어. 엄마는 아주 편안해.

#아련한 금빛 구름이 몸을 감쌌다. 엄청난 힘이 내 몸을 끌어당겼고, 그렇게 나는 예비된 터널 속으로 빨려 들어가듯 날아올랐다. 나는 그렇게 소중한 가족 곁을 떠났다.

2. 글과 부활

남편이 주식 투자에 실패했다. 재산을 모두 털어 넣어도 해결할 수 있는 수준이 아니었다. 개인 회생을 신청하고 근무지를 옮겨 생활하기로 했다. 그 여파로 자식들이 일으키는 크고 작은 일이 끊이지 않았다. 아버지의 부재가 가져오는 문제들이었다. 주말부부 생활을 접고 가족 다섯이 완전체 가정을 꾸렸다. 남편의 일이 마무리될 무렵에 이번에는 내 문제로 사고가 터졌다. 사무실을 키우려고 한 일이 석 달 만에 사기를 당한 것이다. 남겨진 일 처리는 대표였던 내 몫으로 고스란히 남았다. 그동안 지역에서 쌓아 왔던 내 이름이 순식간에 추락했다. 강단에 서기가 어려워졌다. 일을 해결하려면 결단이 필요했다. 결국 학교를 그만두는 것으로 마무리했다. 오해가 빚은 소문에는 무대응으로 일관하며 묵묵히 시간을 견뎠다.

그 무렵 삶이 무의미하다고 생각하는 사람들의 사고가 찾아왔다. 점점 틈을 비집고 들어오더니 어느 날 선을 넘고 있었다. 눈을 감아도 어둠이고 눈을 떠도 캄캄했다. 운전을 하면서도 차선이 보이지 않았다. 나를 살릴 수 있는 일이 필요했다. 기록해야겠다는 생각이 들었다. 우연히 글쓰기 강좌에 발을 들이게 되었다. 독서를 시작하고, 글쓰기를 시도했다. 매일 새벽에 100일 필사와 운동도 곁들였다. 모든 게 엉켜 있어서 풀기도 어렵고, 풀어도 다시 뭉치는 실타래와 같았다. 그렇다고 뫼비우스의 띠처럼 잘라 낼 수는 없었다.

글사랑채가 만들어진 지 3년째다. 100일 필사는 글눈을 뜨이게 하는 동력이 되었고, 새벽 운동은 단단한 마음 근육을 만들어 주었다. 독서는 항상 겸손하게 만들었다. 하루하루가 고통스러워도 날마다 새로웠다. 다달이 한 편씩 글을 쓰면서 죽음이 두렵지 않은 엄마가 되기도 하고, 시인이나 과학자가 되기도 했다. 태양의 힘을 얻은 선한 권력자가 되는가 하면, 책을 읽는 멋진 할머니로 변신하기도 했다. 그리고 삶의 이치에 깨달음을 얻은 보살이 되는 귀중한 시간이었다.

시력은 흐릿해졌지만 읽어 낸 책이 반듯하게 쌓여 뿌듯하고, 늘어난 흰머리보다는 써낸 글의 편수가 쌓여서 흐뭇했다. 지나간 시간을 돌아보니 긴 터널 같던 일상에도 변화가 있었다. 남편은 운동으로 건강한 즐거움을 찾았고, 아이들은 성장해서 자연스럽게 자신의 길을 가고 있다. 글쓰기는 여전히 첨삭을 거쳐야 온전한 글이 되지만, 그래도 노력한 만큼 제자리를 찾아가고 있어 다행이다. 지금은 서툴러도 머릿속에서는 베옷을 짜듯 이야기가 엮어진다. 죽어 있던 모든 게 살아나는 시간이었다. 암흑에 갇혔던 내가 다시 빛을 내고 있다. 글을 배우는 것, 그건 불을 켜는 일이라고 말한 빅토르 위고(1802~85)의 말이 실감 난다.

3. 유서

대학생 때 철학 시간에 유서를 쓴 적이 있다. 살아온 인생을 돌아보고 삶에서 가장 중요한 가치를 찾으라는 교수의 의도였다. 죽음을 깊게 생각해 본 적 없기 때문에 쓰고 지우기를 반복하다가 결국 한 줄도 쓰지 못했다. 텅 빈 종이를 가방에 구겨 넣고 터덜터덜 기숙사로 돌아온 그날 밤, 종이를 다시 펼치고 펜을 들었다. 새벽 감성을 빌려 글을 쓰다 보니 눈물이 차올랐다. 그리고 내 가치를 실현하기 위해 열심히 살아야겠다는 결의가 넘쳤다.

그날 이후 해마다 1월이면 유서를 썼다. 생물이라는 게 언제든 삶을 마감할 수 있으니 하루하루를 열심히 살자는 다짐이기도 했고, 갑자기 사라질 경우에 대비해 남겨진 사람들에게 진심을 전하고도 싶었다. 그렇게 쓴 유서를 지갑에 지니고 다녔다. 하지만 유서를 쓸 때 결연했던 의지와는 달리 내일 죽을 수도 있으니 인생을 즐기는 데만 무게가 실렸다. 그렇게 시간을 아낌없이 낭비하며 한창 욜로를 외치다 문득 정신을 차리고 보니 유서의 의미와는 너무 멀어져 살고 있었다.

유서 쓰기를 멈추고 지갑에 간직했던 유서도 빼냈다. 사람은 생각보다 오래 살고, 어쩌면 다음 생이 없을 것 같다는 의심이 들었기 때문이다. 그러자 이번에는 공포감이 엄습했다. 이룬 게 하나도 없이 놀고먹다가 사라질 것만 같았다. 이제는 유서를 쓰지 않는다. 대신 가까운 사람들에게 편지와 안부 인사로 마감한다. 지키는 법이 없는 위시 리스트도 곁들인다. 언젠가 값진 죽음을 맞기 위해 오늘을 채우고 싶다.

4. 내 몸의 흔적들

“어린 나이에 무슨 죄가 많아 이런 병에 걸렸을까.”

멀리서 들리는 것처럼 어렴풋이 말소리가 들렸다. 의사들이 나를 수술하면서 자기들끼리 주고받는 소리였다. 수술을 마무리하는 중인지 여럿이서 분주함이 느껴졌다. 정신은 말짱하지만, 몸은 꼼짝할 수 없었다. 마취가 너무 일찍 풀린 것이었다. 통증은 느껴지지 않았다. 하지만 수술실 의료진끼리 나누는 대화를 듣는 순간이 끔찍하게 고통스러웠다. 그때의 일은 스무 살의 가장 강렬한 기억이 되었다.

나는 당시로는 보기 드문 희귀병에 걸렸고, 수술 후 몇 개월 동안 병상에서 꼼짝없이 누워 지내야 했다. 깨어 있는지 잠든 것인지 아침인지 저녁인지는 중요하지 않았다. 갓난아기처럼 엄마에게 몸을 맡기고 의미 없이 하루를 소일하면 되는 것이었다. 어느 날은 가슴부터 발끝까지 붕대를 두른 채 어기적거리며 걷고 있었다. 하지만 그것은 수없이 반복되는 꿈이었다. 현실의 나는 혼자 힘으로는 화장실조차 갈 수 없이 석고에 꽁꽁 갇힌 몸뚱이 자체였다.

엄마는 나를 수술실에 들여보내기 전에 끝없이 우셨다. 수술을 결정할 때까지 억눌렀던 슬픔과 걱정 등 감정의 봇물이 터진 듯했다. 5시간이 넘는 대수술이었다. 뼈를 깎는 고통은 무통 주사를 맞아도 견디기 어려웠다. 길고 긴 회복 과정을 거쳐 나는 다시 대학생으로 돌아왔다.

살면서 아이를 셋 낳고, 몇 번의 수술을 더 했다. 맹장이 터져서 하고, 쌍꺼풀도 만들고, 노안도 수술했다. 그때마다 나는 긴 잠이 들었다 다시 깨어났다. 눈을 감고 숫자를 헤아리면 의식을 잃고 세상과 작별했다. 내가 의식이 있든 없든 나와 상관없이 시간은 냉정하게 자기 일을 했다. 수술이 끝나고 깨어나면 어김없이 아픔이 따랐다. 그리고 얼마쯤 지나면 고통과 불안이 사라지면서 나를 일상으로 되돌려 놓았다.

어느 날 내가 깨어나지 못한다고 해도 누군가의 일상은 계속된다. 그때는 내 몸도 시간을 벗어나 자연에서 제 일을 하고 있지 않겠는가. 나는 매일 잠들기 전에 기도한다. 내 영혼을 온전히 신께 맡기니 내일을 살아갈 힘을 달라고. 깨어나 아침이 되면 어김없이 내 몸에 난 수술의 흔적들은 말한다. 지금이 축복이니 오늘을 마음껏 살라고.

5. 도시의 부활

도시는 팽창하고 있지만 구도심은 고목의 밑동처럼 점점 활기를 잃어가고 있다. 빈집이 늘고 어린아이의 울음소리가 그친 지 오래된 곳이 적지 않다. 부산도 마찬가지다. 그런데 도시 재생 바람을 타고 공동화된 원도심이 되살아나고 있다. 원형은 보존하면서도 거리나 지역 곳곳의 숨은 이야기를 찾아내 의미를 부여한다. 그럼 이야기가 있는 풍경이 만들어지는 것이다.

부산진구의 호천문화플랫폼이 대표적이다. 공영 주차장 옥상에 만든 문화 시설이다. 수공예 작가들의 작품을 전시하거나 판매를 하기도 한다. 2017년 16부작 KBS 드라마 '쌈, 마이웨이'의 촬영지로도 유명하다. 마을 이름은 옛날에 호랑이가 자주 나타나 그렇게 붙었다고 한다. 마을은 산의 중턱을 지나는 산복도로에 있다. 높은 곳에 자리를 잡고 밤중에도 대낮처럼 불을 밝힌다. 그래서 근처에 왔다 싶으면 남편이 모는 차 옆자리에 앉아 밑에서부터 위를 쳐다보며 오르는 곳이다. 가는 길목에 벽화가 그려진 곳이 있다. 허전한 벽만 보고 가다가 어느 순간에 '짠' 하고 나타나는 그림들이 예고편을 보는 것 같다. 플랫폼 입구에 들어서면 가장 먼저 반겨 주는 것이 호랑이 모형이다. 황소만 한 호랑이가 '내 등에 타 보지 않을래?' 하며 유혹한다. 보는 눈들만 없다면 타 보고 싶지만 호랑이 등을 토닥이며 못내 아쉬운 맘을 접고 만다. 플랫폼은 넓지 않아 큰 집의 마당에 들어선 느낌이다. 투명한 난간 가까이에 있는 그네에 앉아 바라보는 야경은 막힌 가슴을 뻥 뚫어 놓는다. 올해는 호랑이 해이다. 가족들과 호랑이 기운을 받는다는 핑계를 대며 이곳에 들렀다. 투명한 난간에는 먼저 온 사람들이 소원을 적은 메모지가 열매처럼 주렁주렁 줄에 매달려 있었다. 산복도로 곳곳에는 이처럼 전망대가 많아 시내를 그림처럼 감상할 수 있다.

영도의 봉래산을 오르다 바라보는 풍경도 명작이다. 금정산이나 백양산 등 부산의 명산에 비해 덜 알려졌지만, 섬이란 특성이 빚어낸 아름다움을 숨겨 놓고 있다. 봉래산 곳곳에는 전망대가 있다. 걸어서 산을 오르며 나무 사이로 보는 풍경도 좋지만, 대놓고 전망대에 앉아 바다를 바라보노라면 오만 가지 생각이 저절로 사라진다.

중구에는 숨겨진 역사도 찾아볼 수 있다. 모노레일 옆 작은 터에 자리를 잡은 '조선 철도왕' 박기종기념관이 눈에 띈다. 박기종(1839~1907)은 국내 철도 산업을 개척한 인물이다. 하지만 시대를 잘못 만나 일제의 침략에 길을 닦아 준 꼴이 되고 말았다. 6·25 때 피란민들과 부두 노동자들의 애환이 서린 40계단길, 예술가들의 작업 공간인 또따또가도 있다. 또따또가의 처음 '또'는 프랑스어 똘레랑스(tolerance)에서 따왔다고 한다. '따'와 '또'는 따로 활동하지만 또 같이 활동한다는 의미이고, 거리를 나타내는 한자 '가(街)'를 합쳐 우리말로 표현했다. 아무것도 아닌 것처럼 보이던 것들이 이야기가 입혀지니 생명력을 갖게 된다. 싹이 나지 않던 원도심이 이름을 불러 주니 부활하고 있다.

6. 살아 있을 때 잘하세요

글쓰기를 함께 공부한 지인의 부친께서 며칠 전 돌아가셨다는 연락을 받았다. 서너 달 전에 병증이 악화되어 요양 병원에 모셨다고 들었다. 그런데 갑자기 부음이라니 가슴이 덜컥 내려앉았다. 다음 날 함께 공부한 선생님 두 분과 분당서울대병원 장례식장에서 만났다. 지인분은 월요일에 요양 병원으로 아버지를 찾아뵈었을 때 상태가 좀 좋지 않았으나 수요일에 회복되셨다는 전화를 받았다고 한다. 그런데 하루 만에 갑자기 돌아가셔서 임종을 아무도 지키지 못했다며 안타까워하셨다. 함께 간 선생님들과 장례식장에 앉아 있는 동안 지인분이 두어 번 자리에 오셔서 이야기를 나눌 기회가 있었다. 지인분은 부모님이 살아계실 때 잘해 드리라고 했다. 자신도 맏딸로 부모님께 최선을 다했지만 돌아가시고 나니 아쉽고 더 잘해 드리지 못한 점만 생각난다고 했다.

집에 돌아오는 길에 부모님의 죽음을 떠올리니 가슴이 저릿하면서 상상만으로도 괴로웠다. 그리고 몇 년 전 외할머니가 돌아가신 날이 떠올랐다. 엄마는 장례식장에서 크게 슬퍼하지 않았고 눈물도 보이지 않았다. 너무 담담해 보여 나까지 덤덤해지는 기분이 들었다. 엄마는 입관할 때 아버지하고만 들어가겠다고 하셨다. 할머니의 마지막 모습을 보고 싶은 마음이 있었지만 엄마는 끝내 자식들을 들어오지 못하게 하셨다.

엄마는 과거에 할머니 손에서 자라지 못해 정이 없다는 얘기를 가끔씩 하셨다. 그래서 정말로 눈물을 흘리지 않는지 궁금했다. 화장에 들어가기 전에 가족 모두 할머니께서 잠드신 관을 지켜보는데, 내 볼을 타고 눈물이 저절로 흘렀다. 할머니의 죽음이 그제야 실감이 났다. 할머니에게선 언제나 분 냄새가 났다. 그리고 초록 립스틱을 바르는 순간 빨강으로 변하는 게 마법 같았다. 이젠 그 마법의 순간을 다시 보지 못할 거란 생각에 또 슬퍼졌다. 문득 엄마도 나처럼 눈물을 흘리지 않을까 궁금해 돌아봤다. 엄마는 고개를 떨군 채 서 계셨지만 표정을 알 길이 없었다. 엄마는 슬퍼하기보다는 할머니의 죽음을 계기로 삶의 의지를 더욱 다지지는 않았을까.

지금도 나는 엄마에게 할머니 이야기를 꺼내지 못하고 있다. 고아가 된 엄마의 깊은 외로움을 감히 알은체할 수 없기 때문이다. 집에 도착할 즈음에 지혜로운 사람은 결혼식장보다 장례식장을 더 많이 찾는다는 잠언 말씀이 와 닿았다. 누군가의 죽음은 내가 존재하는 오늘이 얼마나 소중한지 깨닫게 한다. 누군가의 죽음을 애도하고 남겨진 사람을 위로하며 오늘 주어진 하루를 선물처럼 살아야겠다.

7. 봄날은 간다

병산서원 앞을 흐르는 강변에서 장사익의 노래 '봄날은 간다'를 듣다가 주저앉을 뻔했다. 끊어질 듯 이어지는 애절한 해금 소리와 심장 박동과도 같은 북소리, 그 소리들이 가라앉은 줄 알았던 슬픔의 줄을 건드렸기 때문이었다. 처음 듣는 노래도 아닌데, 그날따라 감정을 더욱 요동치게 했다.

안동 일대를 둘러보는데 일행 가운데 한 분이 낙동강을 봐야 한다고 했다. 그는 강가에 앉자 안동 출신 시인의 시를 낭송했다. 또 누군가는 나직하게 노래를 불렀다. 내게도 노래를 권했다. 나는 노래 대신 들려주겠다며 스마트폰에서 '봄날은 간다'를 작동했다.

왜 하필 그 곡이었을까. 이전에 병산서원에서 선홍색 물이 뚝뚝 떨어질 듯 만개한 배롱나무 꽃을 보면서 마음이 한 번 덜컥했던 탓이었을까. 그 꽃을 보면서 봄날 피었다 스러지는 벚꽃의 슬픔이 나이 듦과 오버랩되었기 때문이었을까. '연분홍 치마가 봄바람에 휘날리더라'로 시작하는 촌스러운 노래 가사는, 장사익의 목소리에 실리자 분위기를 무겁게 바꾸었다. 결국 소박하게 놀이를 즐기려던 사람들을 머쓱하게 만들었다.

'죽음'을 주제로 이제는 글을 쓸 수 있겠다고 생각했다. 평생의 금기어였다가 부모님이 돌아가시고 6년이 흐르자 해제되었다. 그래서 열여덟의 나이로 먼저 떠난 언니의 죽음을 자연스럽게 꺼낼 수 있을 줄 알았다. 하지만 여전히 정리하지 못한 슬픔 그대로 남아 있었다. 아니, 그날의 선연한 모습과 감정은 시간이 갈수록 배롱나무 꽃보다 더 진해져 있었다. 세월이 약이라지만, 그 숱하게 지난 시간도 마음의 상처를 아물게 하지 못한 것이다.

꽃을 보면 왠지 모르게 기쁘기도 하고 슬프기도 했다. 언니가 키우던 실난초를 돌보면서 자리 잡은 두 가지 감정이 꽃을 보면 반응한 것 같았다. 전날 선물 받은 안동 시인의 시집에도 죽은 누이를 그리워하는 시가 있었다. 그리고 내 슬픔을 대변할 시도 꽤 있었다. 나는 감정을 들키기 싫어 무심한 듯 시집을 뒤적이기만 했다. 감상을 주고받는 자리인데도 뒤로 물러나 앉아 있어야 했다. 강바닥에 앉아 노래를 부르자는 제안이 낯설기는 했어도, 그저 몇 소절 흉내만 내도 되었을 텐데, 왜 굳이 '봄날은 간다'를 재생했을까. 나이 들면서 죽음이란 봉인을 풀어도 될 만큼 성숙해진 것일까.

무제

1. 보아뱀과 난민
2. 뿌리
3. 그놈 목소리
4. 경로 이탈
5. 발자국 소리

1. 보아뱀과 난민

뤼즈 보도는 프랑스의 작은 마을에 사는 할머니다. 할머니의 아들은 아프리카에서 파충류를 연구하고 있다. 보도 할머니에게 어느 날 선물이 도착한다. 할머니의 생일 선물로 아들이 보낸 보아뱀이었다. 할머니는 보아뱀이 징그러웠지만, 정성을 다해 돌본다. 보아뱀에게 맞는 옷과 음식과 침대를 제공하고 훈련도 시킨다. 보아뱀은 할머니의 가족이 되고, 친근한 이웃이 된다. 동네 아이들과는 친구가 된다. 할머니의 집에 도둑이 들었다. 보아뱀은 도둑을 잡고 동네 영웅이 된다. 프랑스의 작가 토미 웅게러(1931~)의 그림책『크릭터』(시공주니어)의 이야기다.

2021년 말 현재 유엔난민기구(UNHCR)에 등록된 세계의 난민은 2683만 명이다. 유럽(721만 명)과 동아프리카(465만 명)에 많다. 가장 많은 난민이 등록된 국가는 터키(366만 명)이고, 콜롬비아(245만 명)와 독일(152만 명)이 그 뒤를 이었다. 우리나라는 3498명인데, 2013년 7월 아시아 국가로는 처음 난민법을 만들었다고 한다. 1992년 12월 '난민의 지위에 관한 유엔 협약'(난민협약)과 '난민의정서'에 가입했다. 2년 뒤에는 출입국관리법을 고쳐 난민을 신청 받기 시작했다.

하지만 우리 국민의 난민에 대한 일반적인 인식은 할머니가 보아뱀을 처음 대할 때처럼 아직 낯섦 그 자체다. 낯섦은 공포로 이어지고 혐오를 정당화한다. 그래서 난민이 무작정 범죄를 저지를 것이라고 색안경을 끼고 보게 된다. 하지만 커다란 흠이 없다면 마땅히 인도주의 관점에서 난민을 받아들여야 한다. 보아뱀이 동네 아이들의 친구가 되고, 도둑을 잡은 것처럼 난민이 우리에게는 고마운 존재가 될 수도 있다.

지난해 아프가니스탄 국민 390명이 '특별 기여자' 자격으로 우리나라에 들어왔다. 이들이 국내에 영구 정착하면 범죄나 테러를 저지를 수 있다고 우려하는 사람들도 있다. 게다가 아프간 난민을 수용하면 중동이나 아프리카 등 제3세계의 난민이 쏟아져 들어올 것이라는 걱정도 크다. 울산시는 지난 2월 11일 관련 기관들이 참석한 가운데 아프가니스탄 특별 기여자 이주 관련 회의를 열었다. 난민 자녀들의 입학 예정 초등학교 학부모들도 처음에는 완강하게 반대했다. 하지만 입장을 누그러뜨려 수용해야 한다는 기본 원칙에 공감했다. 아프가니스탄 특별 기여자와 가족의 국내 정착을 지원하는 법도 개정되었다. 따라서 울산시 교육청도 공교육 범위에서 아프가니스탄 자녀들의 학습권을 보장해야 한다는 입장이다. 우리나라로 이주한 아프가니스탄 사람들이 보아뱀처럼 무사히 이웃사촌으로 자리를 잡아 서로 도우며 살 수 있기를 바란다.

2. 뿌리

혜원은 2018년 개봉한 '리틀 포레스트'(감독 임순례)에 나오는 주인공이다. 시험과 연애, 취업에 이르기까지 무엇 하나 뜻대로 되지 않는다. 매일 먹어야 하는 인스턴트 음식과 조미료도 질린다. 그래서 치열한 경쟁 사회를 등지고 고향인 시골로 내려간다. 어떤 식물이든 잘 키우던 혜원의 엄마는 혜원이 스무 살 되던 해 집을 나갔다. 혜원은 그런 엄마가 원망스럽기도 하지만 그리워했다. 그래서 고향에 내려간 뒤 엄마가 물려준 레시피대로 음식을 해 먹고 제철 농사도 짓는다. 혜원은 농사를 짓고 요리를 하면서 과거에 엄마가 한 말들의 의미와 집을 나간 이유를 차츰 깨닫는다.

혜원 엄마와 달리 어릴 적 우리 집에서 키우던 식물은 무엇 하나 잘 자라는 게 없었다. 어디에 어떻게 심든지 잘 산다는 선인장도 우리 집에서는 항상 시들었다. 그때 나는 그 식물들이 나와 같다고 생각했다. 흙속에는 양분이 거의 없는데, 햇빛으로 겨우 사는 식물이었다고 느꼈다. 엄마도 없고 가시 같은 말만 오가는 환경에서 장미꽃이 아름답게 필 수는 없는 노릇이었다. 그리고 성인이 되어 돌아보니 배우지 못하고 익히지 못한 것이 내 탓이 아니라 어른들의 돌봄을 제대로 받지 못해 그런 것 같았다.

20대 중반이 지나 늦깎이 학업을 이유로 다시 집을 떠났을 때, 우리 집에 엄마는 없어도 항상 제철 음식이 있었다는 기억이 떠올랐다. 땅에서 자란 작물로 만든 제철 요리가 나에게 양분을 보급해 주는 뿌리 역할을 한 것이었다. 엄마가 떠났어도 엄마의 레시피를 생각하며 하루를 채우는 혜원처럼, 우리 집에는 원망스럽지만 가시지 않는 엄마 냄새가 묻어 있었다. 엄마의 말을 깨달아 가는 혜원처럼, 어릴 적 엄마의 요리에 담긴 의미를 이제 조금씩 알 것 같다. 식물의 뿌리는 쉬지 않는다. 땅속에 묻혀 보이지 않아도 열심히 물을 길어 올린다. 뿌리가 물을 길어 올리지 않으면, 식물은 광합성을 하지 못한다. 스물여덟의 내 뿌리는 언제나 엄마 냄새가 배어 있는 고향집에 있다.

3. 그놈 목소리

그날 오전 10시쯤 전화벨이 울렸다. 스마트폰에 반가운 이름이 떴다. 대학을 갓 졸업하고 취업을 준비하느라 부산에서 혼자 지내는 큰딸이었다. 아침에는 전화를 잘 하지 않는 편인데 웬일일까. 그래도 반가운 마음에 냉큼 전화를 받았다. 딸은 첫마디에 울먹이며 "엄마!"하고 불렀다. 가슴이 철렁 내려앉았다.

"왜? 무슨 일이니?"

"흑흑. 엄마… 나… 성폭행당했어. 흑흑."

"어? 뭐라고!"

나는 순간 귀를 의심했다. 머리가 멈추고 숨을 쉴 수조차 없었다. 잠시 뒤 전화기에서 남자의 목소리가 흘러나왔다. 자신은 이제 막 출소했으며 일행이 셋이라고 했다. 그리고 당신의 딸을 납치해 함께 성폭행했다고 전했다. 호수에 던져 버리려다가 딸이 울면서 엄마에게 전화하면 돈을 줄 거라고 사정하기에 전화한다고 했다.

아무 생각도 들지 않았다. 사실로 믿기지 않았고, 믿고 싶지도 않았다. 그 남자는 내가 흥분해 큰소리를 지르거나 민감한 단어를 말하면 딸을 죽이겠다고 협박했다. 그리고 아무도 없는 곳으로 가서 전화를 받으라고 했다. 그 남자는 목소리를 낮게 깔고 2000만 원을 즉시 입금하지 않으면 "딸아이의 손톱을 뽑고, 이빨도 뽑고…."라고 하면서 잔뜩 공포심을 심어 줬다.

나는 숨을 좀 돌리면서 옆방에서 게임 삼매경에 빠진 막내딸에게 조용히 다가갔다. 그러고는 큰언니에게 전화 좀 해 보라고 종이에 휘갈겨 썼다. 아이는 글씨를 알아보지 못했다. 손 떨림이 멈추지 않아 글씨를 제대로 쓰지 못했기 때문이었다. 답답한 마음에 다시 입 모양만으로 '큰언니에게 전화 좀 해 봐.'라고 했더니, 무슨 소리냐고 어깨만 으쓱거렸다. 남자는 한참 협박을 하더니 통장에 현금이 얼마나 있으며, 카드는 몇 개냐고 물었다. 나는 그 남자의 물음에 천천히 답하면서, 카톡으로 출근한 둘째에게 언니와 통화해 무사한지 알려 달라는 메시지를 전했다. 메시지를 받은 둘째에게 전화가 왔다. 그 남자와 연결된 전화를 '통화 중 대기'로 해 놓고 전화를 받았다. 둘째는 카톡 메시지로는 무슨 말인지 알기 어려워 전화를 했다고 말했다. 그래서 상황을 설명하고 언니의 안전을 확인시켜 달라고 말한 뒤 전화를 끊었다.

그 순간 '내가 왜 이놈 전화를 계속 붙잡고 있지?' 하는 생각이 번쩍 들었다. 그 남자는 내가 말을 하지 않자 마구 욕을 해댔다. 빨간색 '통화 중지' 버튼을 눌렀다. 삶에서 가장 긴 30분이 흘렀다. 큰딸이 아직 잠이 덜 깬 목소리로 무슨 일인데 그러냐고 전화를 했다. 안도의 한숨이 나왔다. 딸은 코로나 때문에 밖에 잘 나가지도 않는다며 시큰둥하게 말했다. 딸의 목소리가 그렇게 반가웠던 적이 없었다.

그 사건이 일어난 뒤 스마트폰 기계도 전화번호도 모두 바꿨다. 개인 정보가 유출되어 팔려 나간 것 같았기 때문이다. 이런저런 보이스피싱 전화나 문자를 자주 받는다. 그래도 대수롭지 않게 넘어갔다. 그런데 가족의 안전이 걸린 문제이다 보니 정신을 차리기 어려웠다. 나는 지금도 혼자 있을 때면 전화기 너머로 흐느끼며 울던 여자의 목소리가 환청처럼 들린다. 돈도 문제이지만 사람에 대한 불신과 상처가 크게 남았다.

보이스피싱의 연간 피해액이 7000억 원을 넘는다고 한다. 공공 기관을 사칭하거나 휴대 전화를 잃어버린 가족인 척하는 수법은 이제 고전적이다. 주변에서는 얼마나 칠칠맞지 못하면 그런 일을 당하느냐고 비아냥거리기도 한다. 그런데 그게 내 가족의 일이고 보면 이성을 찾고 상황을 분별하기가 쉽지 않다. 주위에도 금액이 많든 적든 여러 명의 피해자가 나타나는 걸 보면 무시할 수 없는 사회 문제다. 일이 터지기 몇 달 전에 본 '보이스'라는 영화의 마지막에 나오는 형사의 대사가 생각났다.

"누군가 전화로 돈 이야기를 한다면 일단 끊으세요."

4. 경로 이탈

11년 전 가정 방문 수업을 할 때 서울에서 경기도 의정부까지 버스를 타고 다녔다. 그러다 둘째를 임신한 뒤부터는 힘에 부쳐 의정부로 수업하러 가는 날에는 자가용을 운전했다. 어느 날 의정부에서 수업을 마친 뒤 습관처럼 내비게이션을 켜고 달렸다. 그런데 평소와 다른 길을 안내해 어떻게 할지 판단이 서질 않았다. 초보여서 기계를 믿고 선택했다. 긴장해서 엑셀을 밟는데, 갑자기 태릉 쪽으로 빠지라는 멘트가 나왔다. 서둘러 깜빡이를 켰지만 끼어들지 못한 채 직진하고 말았다. 그러자 바로 “경로를 이탈하셨습니다.”라는 안내가 나오며 새로운 경로를 찾는다고 알려 주었다.

순간 당황했지만 배 속의 아이가 놀랄까 봐 마음을 진정시켰다. 그리고 내비게이션의 지시대로 따랐다. 그런데 서울 시내로 진입하면서 8차선 도로가 나오니 내비게이션이 하는 말을 제대로 알아듣기 어려웠다. 미로에 갇힌 실험쥐처럼 제자리를 도는 느낌이 들었다. 차를 버리고 싶은 생각이 굴뚝같았다. 결국 남편에게 전화해서 와 달라고 부탁했다. 남편은 “내가 지금 가도 꽤 늦을 거야. 그러니 내비게이션 잘 보고 운전해 봐.”라고 부드럽지만 단호하게 거절했다. 남편의 말이 서운했지만 어쩔 수 없었다. 몇 번이나 경로를 이탈했다는 말을 들으면서 비상등을 켜고 무조건 들이댔다. 그렇게 했어도 한 시간이면 올 거리를 세 시간이나 걸려야 했다.

지난 1월에 다시 경로를 이탈하고 말았다. 함께 공부한 선생님들과 팔당댐 근처의 ‘강마을 다람쥐’라는 음식점에서 오랜만에 만나기로 했다. 집에서 승용차로 30분이면 충분한 거리였다. 약속 당일 아침 기분 좋게 차를 몰았는데, 도착 시간 10분을 남겨 놓고

"경로를 이탈하셨습니다."라는 멘트를 또 듣게 된 것이다. 예전 같으면 얼이 빠졌을 일이지만, 시간도 여유가 있으니 다시 길을 찾으면 된다는 생각이 들었다.

하지만 돌고 돌아 다시 같은 곳으로 왔다. 또 경로 이탈 멘트를 들으니 등줄기에서 식은땀이 흐르기 시작했다. 분명히 가는 길은 하나밖에 없었는데, 어디로 가야 할지 답답했다. 길을 헤매다 약속 장소로 가지 못한다면 무슨 망신인가 하는 생각이 머리를 때렸다. 예전처럼 집에 가고 싶은 마음과 끝까지 길을 찾겠다는 마음이 세게 부딪쳤다. 내비게이션이 잘못되었을 수도 있다는 생각이 들어 다른 길 찾기를 눌렀다. 하지만 세 번째 같은 장소로 진입하면서 이번엔 정신을 바짝 차리고 화면을 노려봤다. 두 번이나 작은 길을 보지 못하고 좌회전을 했는데, 노려본 덕분에 보이진 않던 길을 발견하면서 방황은 끝이 났다. 약속 장소로 가는 길은 한적했고, 멀리 팔당댐이 보였다. 그전에는 보이지 않던 풍경이 눈에 가득 들어왔다.

경로를 이탈했다는 멘트는 사람을 불안하게 만든다. 하지만 동시에 목적지에 도착할 수 있는 새로운 경로도 알려 준다. 모든 길은 통한다는 대범한 마음으로 다시 길을 찾아 나서는 용기만 있으면 된다. 인생살이의 과정은 험난해도 포기하지만 않는다면 누구나 원하는 곳으로 갈 수 있다. 오늘 하루도 그 믿음으로 살고 있다.

5. 발자국 소리

오늘 아침에도 발자국 소리가 들렸다. 심사가 뒤틀렸다. 어제도 같은 소리가 들렸다. 바로 문을 열어젖혔다. 두 아이의 발소리가 후다닥 사라졌다. 옆모습이 어린 티가 났다. 키는 딸아이보다 머리 하나는 작은 것 같았다.

"초등학교 동창 중에 아는 애 없니?"

"모르는데."

"아니, 아침마다 오는데 짐작 가는 애들이 정말 없어?"

딸아이에게 하고 싶은 말은 많지만 딱히 야단칠 상황은 아니어서 더 이상 다그치지 않았다. 더구나 등굣길이서 혹시라도 기분이 상할까 봐 그쳐야 했다.

아이는 "엄마, 나도 궁금해."라며 집을 나섰다. 입버릇처럼 오픈 마인드를 지향하노라 선언한 터였다. 그런데 일주일 넘게 집 밖을 서성이는 남학생들을 보고 나니 불안한 감정이 앞섰다.

며칠 전 아이에게 들은 말이 오버랩되어 그랬을까. 학교로 연예기획사 사람들이 찾아와서 연락처를 알려 주었다고 했다. 아이에게 말을 건네기 전에 전광석화처럼 머릿속 생각을 정리했다. '엉덩이에 바람 들어가는 일은 초장에 잘라야 한다', '기획사의 장삿속 의도를 알려 바로 포기시켜야 한다', '다시는 연락처를 주지 않도록 강하게 인식시킨다'….

그런데 본론을 꺼내기도 전에 딸아이는 "나도 그 정도는 알아. 그래서 엄마 연락처를 줬다고."라고 말했다. 내가 단호하게 빛의 속도로 정리한 생각에 비해 대화는 싱겁게 끝났다. 속으로는 '대처하는 걸 보니 숙맥은 아니군.' 하는 안도감이 들었다. 마당에서 빨래를 너는데 전화가 왔다. 자신이 기획사의 실장이라고 소개했다.

"아~ 따님이 교복 모델로 적합하여~."

나는 말허리를 자르고 "제 아이는 전혀 관심이 없습니다."라고 대답했다.

"저희는 연습생 키우는 기획사가 아니고~."

나는 "앞으로 연락드릴 일 없습니다. 아이에게도 절대로 찾아가지 마시고요."라며 못을 박았다.

그런데 발자국 사건과 기획사 사건이 겹치며 불안해졌다. 기획사의 전화를 받은 뒤론 딸아이 키우기 힘들다는 생각에 우울해졌다. 어느덧 훌쩍 자라서 175cm가 된 아이, 대학생으로 보일까봐 걱정되면서도 흐뭇하게 지켜보던 시절은 이제 끝났다는 생각이 들었다. 여동생에게 전화를 걸어 여차저차해서 마음이 불편하다고 하소연했다. 동생은 "얼굴에 검댕 칠을 해서 보내."라며 웃음 섞인 소리로 한마디 했다. 동생의 태평한 소리에 조금은 약이 올라 "아니, 이제는 아침마다 집 앞에서 기다리니 걱정 안 하겠냐고."라며 언성을 높였다.

"그래? 아는 아이래?"

"아니, 전혀 모르고 짐작 가는 애도 없다는데."

"학교에 가기도 바쁜데 그 녀석들 부지런도 하네. 근데 어떻게 알았어?"

동생이 이제는 그 녀석들의 근면함을 칭찬(?)까지 하면서 약을 슬슬 올리자 부아가 슬쩍 치밀었다.

"소리가 나서 나가 보면 바로 사라지더라고. 얼굴은 못 봤지만 같은 학교 교복인 건 분명해."

"좀 이상한데. 쫓아다니면 아이에게 뭐라고 한마디라도 했을 텐데. 요즘 아이들이 기다리고 그러나."

"그럴까. 암튼 내일은 일찍 기다렸다 혼내 주려고."

아침밥을 차려 놓고 어제 그 시간에 대문 앞에 서서 망을 봤다. 마음이 떨렸지만 엄마니까 나서서 상황을 정리해야 한다는 생각이 들어 부딪쳐 보기로 했다. 마침내 발소리가 들렸다. 한 아이가 불안한 듯 집 안 전체를 훑어봤다. 이어서 조금 더 큰 아이가 들어왔다. 아이들은 고양이가 담을 넘는 것보다 빠르게 움직였다. 익숙한 손놀림으로 빨랫줄 앞으로 다가섰다.

"뭐하는 거니? 너희들 요 앞 학교에 다니지. 여기서 뭐하는 거야? 학교에 연락할까, 아니면 집에 연락할까."

아이들은 연거푸 죄송하다며 꽁지가 빠지게 내뺐다. 나는 아이들의 뒤통수에 대고 "남의 집 마당에 들어오면 사유지 침범죄로 잡혀 간다."라고 소리를 질렀다. 말도 꼬였다. '사유지 침범죄?'란 말이 적당한 용어인지 헛갈렸다. 낮에 다이소에 들러 가짜 CCTV를 샀다. 가격에 비해 그럴싸하고 진짜와 비교해도 손색이 없었다. 설명서를 펼치고 조립 준비를 했다. 내일이면 경고 문구도 붙여 완벽하게 대비하리라 마음먹고 전열을 가다듬었다. 그때 여동생이 집에 들렀다.

"이거 좀 설치해 봐."

"왜? 그 남자 아가들 때문에? 근데 개들 혼내 준다더니 잡았어?"

"내가 왜 왔느냐고 하니까 바로 나가더라. 얼굴을 보진 못했어. 개들이 빨랫줄을 만지작거리기에 소리를 질렀어."

"혹시 빨래집게 잡은 거 아니야? 어~ 그거네, 그거."

"뭐?"

"요즘 애들은 빨래집게네."

"그게 왜?"

"왜, 오래전에는 나무젓가락이었던 거."

"그게 뭔데?"

"아이들이 손에서 담배 냄새 안 나게 하려던 거."

아이들이 기다린 건 딸아이가 아니라 빨래집게였던 것이다. 담배를 처음 배운 아이들이 등굣길에 손에 냄새가 배는 걸 막으려면 필요하단다. 나무젓가락을 사용하던 이야기를 오래전에 들은 기억이 났다. 여동생은 이제 업그레이드되었다며 신나게 웃었다. 나도 머쓱해져서 피식 웃음이 나왔다. 한참을 앞서 나간 것이었다. 그래도 큰 걱정거리는 덜어서 마음이 놓였다.

가끔씩 옛날의 이 해프닝을 떠올리면 웃음이 나온다. 그런데 여기까지는 그때 상황이었고, 예상하지 못한 반전이 있었다. 우리가 수사를 너무 쉽게 종결한 것이었다. 빨래집게가 필요한 아이들 말고 실제로 딸아이를 기다리던 아이들이 꽤 있었다고 한다. 딸아이가 앨범에서 교복을 입은 학생들을 보며 지난 이야기를 들려주었다.

복어 파마

인 쇄 일 2022년 10월 26일
발 행 처 ㈜이태종NIE논술연구소
지 은 이 강경희 강선옥 김재윤 문미리나 박선영
유은정 최경희 하현주 홍희경
기획관리 류경영 임은숙
아 트 김임천
주 소 서울시 강남구 역삼로 531 청우빌딩 3층
㈜이태종NIE논술연구소
(우)06184
대표전화 1577-3537
팩 스 02-734-9974
홈페이지 www.niefather.com

ISBN 978-89-97524-70-9

※이 책을 무단 전재하거나 복제하면 법에 따라 처벌받습니다. 무단 전재물이나 복제물을 이태종NIE논술연구소에 신고하시면 포상금을 드립니다.